JN139578

反切表

子音＼母音	ㅏ [a]	ㅑ [ja]	ㅓ [ɔ]	ㅕ [jɔ]	ㅗ [o]	ㅛ [jo]	ㅜ [u]	ㅠ [ju]	ㅡ [ɯ]	ㅣ [i]
ㄱ [k/g]	가	갸	거	겨	고	교	구	규	그	기
ㄴ [n]	나	냐	너	녀	노	뇨	누	뉴	느	니
ㄷ [t/d]	다	댜	더	뎌	도	됴	두	듀	드	디
ㄹ [r]	라	랴	러	려	로	료	루	류	르	리
ㅁ [m]	마	먀	머	며	모	묘	무	뮤	므	미
ㅂ [p/b]	바	뱌	버	벼	보	뵤	부	뷰	브	비
ㅅ [s]	사	샤	서	셔	소	쇼	수	슈	스	시
ㅇ [-]	아	야	어	여	오	요	우	유	으	이
ㅈ [tʃ/dʒ]	자	쟈	저	져	조	죠	주	쥬	즈	지
ㅊ [tʃʰ]	차	챠	처	쳐	초	쵸	추	츄	츠	치
ㅋ [kʰ]	카	캬	커	켜	코	쿄	쿠	큐	크	키
ㅌ [tʰ]	타	탸	터	텨	토	툐	투	튜	트	티
ㅍ [pʰ]	파	퍄	퍼	펴	포	표	푸	퓨	프	피
ㅎ [h]	하	햐	허	혀	호	효	후	휴	흐	히
ㄲ [ˀk]	까	꺄	꺼	껴	꼬	꾜	꾸	뀨	끄	끼
ㄸ [ˀt]	따	땨	떠	뗘	또	뚀	뚜	뜌	뜨	띠
ㅃ [ˀp]	빠	뺘	뻐	뼈	뽀	뾰	뿌	쀼	쁘	삐
ㅆ [ˀs]	싸	쌰	써	쎠	쏘	쑈	쑤	쓔	쓰	씨
ㅉ [ˀtʃ]	짜	쨔	쩌	쪄	쪼	쬬	쭈	쮸	쯔	찌

母音 / 子音	ㅐ [ɛ]	ㅒ [jɛ]	ㅔ [e]	ㅖ [je]	ㅘ [wa]	ㅙ [wɛ]	ㅚ [we]	ㅝ [wɔ]	ㅞ [we]	ㅟ [wi]	ㅢ [ɯi]
ㄱ [k/g]	개	걔	게	계	과	괘	괴	궈	궤	귀	긔
ㄴ [n]	내	냬	네	녜	놔	놰	뇌	눠	눼	뉘	늬
ㄷ [t/d]	대	댸	데	뎨	돠	돼	되	둬	뒈	뒤	듸
ㄹ [r]	래	럐	레	례	롸	뢔	뢰	뤄	뤠	뤼	릐
ㅁ [m]	매	먜	메	몌	뫄	뫠	뫼	뭐	뭬	뮈	믜
ㅂ [p/b]	배	뱨	베	볘	봐	봬	뵈	붜	붸	뷔	븨
ㅅ [s]	새	섀	세	셰	솨	쇄	쇠	숴	쉐	쉬	싀
ㅇ [-]	애	얘	에	예	와	왜	외	워	웨	위	의
ㅈ [tʃ/dʒ]	재	쟤	제	졔	좌	좨	죄	줘	줴	쥐	즤
ㅊ [tʃ^h]	채	챼	체	쳬	촤	쵀	최	춰	췌	취	츼
ㅋ [k^h]	캐	컈	케	켸	콰	쾌	쾨	쿼	퀘	퀴	킈
ㅌ [t^h]	태	턔	테	톄	톼	퇘	퇴	퉈	퉤	튀	틔
ㅍ [p^h]	패	퍠	페	폐	퐈	퐤	푀	풔	풰	퓌	픠
ㅎ [h]	해	햬	헤	혜	화	홰	회	훠	훼	휘	희
ㄲ [ˀk]	깨	꺠	께	꼐	꽈	꽤	꾀	꿔	꿰	뀌	끠
ㄸ [ˀt]	때	떄	떼	뗴	똬	뙈	뙤	뚸	뛔	뛰	띄
ㅃ [ˀp]	빼	뺴	뻬	뼤	뽜	뽸	뾔	뿨	쀄	쀠	쁴
ㅆ [ˀs]	쌔	썌	쎄	쎼	쏴	쐐	쐬	쒀	쒜	쒸	씌
ㅉ [ˀtʃ]	째	쨰	쩨	쪠	쫘	쫴	쬐	쭤	쮀	쮜	쯰

WEB上での音声無料ダウンロードサービスについて

■『即！実践楽しもう韓国語』の音声ファイル(MP3)を無料でダウンロードできます。

「白帝社　即！実践楽しもう韓国語」で検索、または下記サイトにアクセスしてください。

http://www.hakuteisha.co.jp/news/n33757.html

・スマートフォンからアクセスする場合はQRコードを読み取ってください。

■本文中の🔊00マークの箇所が音声ファイル(MP3)提供箇所です。

■ファイルはZIP形式で圧縮された形でダウンロードされます。

■ファイルは「すべて」と「各課」ごとに選んでダウンロードすることができます。

※パソコンやスマートフォン(別途解凍アプリが必要)などにダウンロードしてご利用ください。

ご使用機器、音声再生ソフトに関する技術的なご質問は、各メーカーにお問い合わせください。

即！実践 楽しもう韓国語

北原スマ子 監修
金孝珍 著

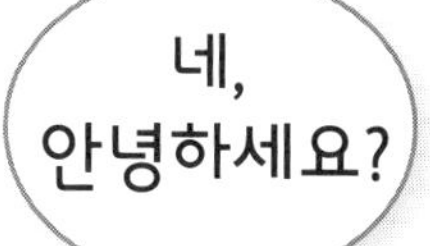

白帝社

まえがき

ワールドカップ日韓共催を境に各方面で韓国との交流が盛んになり、韓国語を学ぼうとする学習者は年々増えています。学習者からよくどうすれば韓国語が上手になるか聞かれますが、語学上達にはまず何と言っても基礎、つまり土台がしっかりしていることが第一の条件だと思います。本書は土台となる基礎文法・語彙をしっかり身につけて、会話力がアップできるように工夫した構成になっています。

本書の構成と使い方

■本書は週２回の授業で１年間学ぶことを念頭に作成しました。３つの**ステージ**で構成され、**ステージ1**（文字編第１課～６課）では文字の読み書きと発音の練習、**ステージ2**（第１課～１０課）では基礎文型の取得、**ステージ3**（第１１課～１７課）では表現力を伸ばし会話練習ができることに重点をおいています。

■**ステージ2、3**は基本的に次のように構成されています。

１ページ目：「学習内容」「本文」

❖その課で習う学習内容を先に提示し学習効果を高めます。

❖本文は自然なフレーズになっています。丸暗記して日本語訳を見て韓国語で言えるように練習しましょう。

２ページ目：「語句の解説」「注意する発音」「文法・練習問題の単語」

❖「語句の解説」は既習の文法を再確認できるように、細かく説明しています。㊀は用言の基本形を表します。なお韓国語につく「－」は助詞や語尾など単独では使わず常に名詞や用言の語幹などについて使うものを表します。

（例）－는：～は

❖「注意する発音」では発音変化のルールを再度確認し、きれいな発音ができるように〔　〕に発音通りに表記し、発音変化の種類を併記しています。

（例）반갑습니다〔☞ 반갑씀니다〕濃 鼻

（連は連音化、濃は濃音化、激は激音化、ㅎ弱はㅎ弱化、鼻は鼻音化、流は流音化、ㄴ挿はㄴ挿入、口は口蓋音化を表します。）

❖漢字語単語の表記について

①日本語と同じ漢字語は、학생［学生］のように［　］で示しています。

②日本語と異なる漢字語は、친구 友達〈親旧〉のように〈　〉で示しています。

3ページ目：「文法」

❖接続が一目でわかるように各項目の見出しに接続形式を表記しています。また例文は実際のコミュニケーションですぐに使えそうな自然な文章になっています。

4ページ～6ページ目：「練習問題」「即!実践トレーニング」

❖練習問題は書き込み式で様々なパターンを取り入れて、「読む、書く、聴く、話す」の4技能がバランスよく身につくようになっています。最後により実践的な会話練習ができるよう「即!実践トレーニング」問題を取り入れています。

■随所に、「語彙プラス」「ワークシート」「チェックシート」を設け、学習しやすく印象に残りやすく編集しています。

■文化コーナーも充実しており、韓国の文化や生活事情などを紹介しています。

本書を出版するにあたりたくさんの方にお世話になりました。特に白帝社との橋渡しをしてくださった元明治大学教授の氣賀澤保規先生、監修者として何度も何度もチェックしていただき本書の精度を上げてくださった北原スマ子先生、イラストを描いてくださった佐藤広子様、白帝社の伊佐順子様に、この場をお借りして厚くお礼申し上げます。

言葉を学ぶことはもう一つの世界との出会いです。このテキストが韓国語を学ぶ皆さまに少しでもお役に立ち、素敵な出会いになれることを切に願います。

金孝珍

目次

ステージ3　表現力を伸ばそう！

即！実践
楽しもう
韓国語

◀学習の前に▶

1. 朝鮮半島の言語を指す名称

朝鮮半島は周知のように現在では南は大韓民国(韓国)、北は朝鮮民主主義人民共和国(北朝鮮)に分かれています。そのため同じ言語を使っていますが、韓国では「韓国語」、北朝鮮では「朝鮮語」といいます。韓国ではソウル方言を、北朝鮮では平壌方言を標準語としているので、イントネーションや正書法、語彙などにおいて若干の違いがありますが、基本的には同じです。

朝鮮半島の言語は外交・政治的な問題や韓国、北朝鮮への配慮などからさまざまな名称で呼ばれています。日本では「朝鮮語」「韓国語」のほかにも「韓国・朝鮮語」「コリア語」、また文字名称を用いて「ハングル」とも呼ばれています。近年は韓国との交流が盛んになっていることや、語学の研究対象が主に韓国で用いる言葉を対象にしていることから、「韓国語」という名称が多く見られます。

2. ハングルについて

「ハングル」とは韓国語の文字のことをいいます。「ハングル」の「ハン」は「大きい、偉大だ」、「グル」は「文字」という意味で、つまり「ハングル」は「偉大なる文字」という意味になります。

ハングルは1443年に朝鮮王朝の第4代世宗大王(セジョンデワン 세종대왕)によって制定されました。それまでは知識人の間で漢字を使っていましたが、実際に話している韓国語の音をそのまま書き記すことは困難でした。そこで、誰もが学びやすい文字を創り出すに至ったのです。しかし、儒学者たちはハングル創製、公布を中国文明の恩恵を裏切ることであり、政治や学問の面においても何の得にもならないと反対しました。制定から3年後の1446年に「訓民正音(フンミンジョンウム 훈민정음)」という書により公布されましたが、ハングル公布以後も、公文書や両班たちの文書には依然として漢字が使われ、一般に広まるまでには年月がかかりました。「訓民正音」はハングル創製の目的と成り立ち、原理を記した解説書で、1997年にユネスコ世界記録文化遺産にも登録されました。

この文字がハングルと呼ばれはじめたのは1900年代に入り、周時経などの国語学者の間で使われだしてからで、1927年に刊行された雑誌「ハングル(한글)」によって広く知られるようになったと言われています。また韓国では「訓民正音」が公布された10月9日を「ハングルの日

光化門広場の世宗大王像

(한글날)」としています。世宗はハングルの制定の他にも多方面にわたって偉業をなし遂げたため「大王」と呼ばれており、1万ウォン札に肖像画が用いられています。

3．ハングルの形成および書き順

ハングルは子音と母音の組み合わせで文字が形成されます。母音字は陰陽説と、天〔・〕、地〔一〕、人〔丨〕の三才の理によって作られ、子音字は木、火、土、金、水の五行説に基づき、音声器官（唇、舌、喉など）の形状や状態をかたどって作られており、文字に陰陽五行の思想が込められています。文字は表音文字で発音の変化はありますが、基本的に表記どおりに発音します。書き順は漢字同様に基本的に左から右へ、上から下へ書きます。

■ハングルの組み合わせ基本パターン

①パターン1　子音（初声）＋ 母音（中声）

②パターン2　子音（初声）＋ 母音（中声）＋ 子音（終声＝パッチム）

4．韓国語の特徴

① 日本語と語順が同じで、いくつか例外はありますが、「て、に、を、は」などに相当する助詞があります。

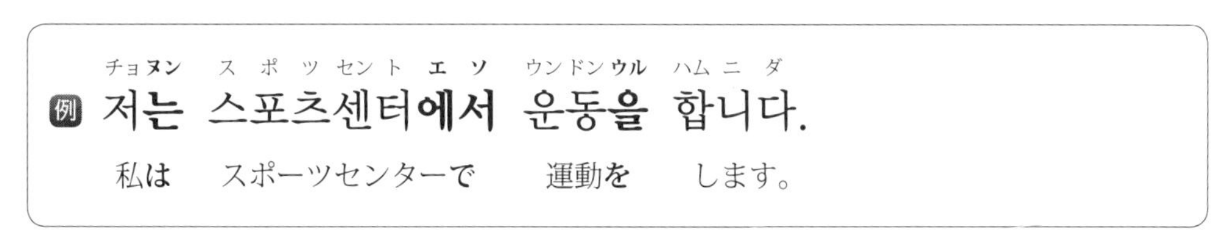

② 日本語と同じく、丁寧語、尊敬語、謙譲語があります。目上の人には通常、敬語を使います。ただ日本語は他人の前では身内に謙譲語を使う相対敬語ですが、韓国語は身内でも目上の人なら尊敬語を使う絶対敬語です。

例 아버님은 지금 안 계십니다.
(アボニムン チグム アン ケシムニダ)
お父様は　今　いらっしゃいません（父は今おりません）。

③ 韓国も漢字文化圏であり、漢字熟語がたくさんあります。漢字の読み方は日本語と違って音読みだけをし、ごく一部例外がありますが、基本的に一つの漢字に一つの読み方しかありません。漢字の韓国語読みを覚えていくと、漢字熟語の語彙を増やすのにとても役に立ちます。

例 地理（チリ　지리）　地球（チグ　지구）
野球（ヤグ　야구）　野心（ヤシム　야심）

④ 日本語では基本的に名詞と名詞の間に助詞「の」を入れますが、韓国語では「の」をしばしば省略します。

例 가방 안　　친구 집
(カバン アン)
カバンの中　　友達の 家

⑤ 日本語と違って分かち書きをします。基本は文節（文の意味や発音上、不自然でない程度に区切った最小単位）ごとに１マスを空けて書きます。助詞や語尾は前の単語につけます。

例 저는 밥을 먹습니다.
(チョヌン パブル モクスムニダ)
私は ごはんを 食べます。

ステージ1
きちんと文字を覚えよう！

文字編

第1課　基本母音字

韓国語の母音字は基本母音字 10 個、複合母音字 11 個の計 21 個あります。ここではまず基本母音字 10 個を学びます。書くときは必ず無音の子音字「ㅇ」をつけましょう。無音の子音字「ㅇ」は、「ゼロ」を書くように左回りに書きましょう。

아　야　어　여　오　요　우　유　으　이

母音	説　明	書き順
아 [a]	日本語の「ア」とほぼ同じ音です。	①ㅏ②
야 [ja]	아に横棒 1 画を加えた形。日本語の「ヤ」とほぼ同じ音です。	①ㅑ②③
어 [ɔ]	「ア」を発音するように口を大きく開けて「オ」と発音します。	①ㅓ②
여 [jɔ]	어に横棒 1 画を加えた形。「ア」を発音するときのように口を開けて「ヨ」と発音します。	①②ㅕ③
오 [o]	日本語の「オ」より口を丸くすぼめ突き出して「オ」と発音します。	①ㅗ②
요 [jo]	오に縦棒 1 画を加えた形。日本語の「ヨ」よりも口を突き出して発音します。	①②ㅛ③
우 [u]	日本語の「ウ」よりも口を突き出して発音します。	①ㅜ②
유 [ju]	우に縦棒 1 画を加えた形。日本語の「ユ」よりも口を突き出して発音します。	①ㅠ②③
으 [ɯ]	口を横に引くようにして「ウ」と発音します。	ㅡ
이 [i]	日本語の「イ」とほぼ同じ音です。	ㅣ

＊ヤ行の発音記号は「j」を使います。

練習問題

1．習った基本母音字を書きながら覚えましょう。 🔊 1

아 [a]	야 [ja]	어 [ɔ]	여 [jɔ]	오 [o]	요 [jo]	우 [u]	유 [ju]	으 [ɯ]	이 [i]

2．ＣＤを聞いて聞こえた文字に○をつけましょう。 🔊 2

（1）아、우　（2）야、여　（3）이、으
（4）어、오　（5）우、유　（6）여、요

3．次の単語を読んでみましょう。 🔊 3

（1）아이（子ども）　（2）우유（牛乳）　（3）오이（きゅうり）

（4）**여유**（余裕）　（5）**이유**（理由）　（6）**여우**（きつね）

4．発音しながら書いてみましょう。

（1）**유아**	乳児			
（2）**이**	歯			
（3）**아야**	痛い！			
（4）**우아**	優雅			
（5）**여유**	余裕			
（6）**오**	五			

5．音声を聞いて聞こえた単語を書いてみましょう。 4

（1）　（2）

（3）　（4）

6．音声を聞いて聞こえた言葉に○をつけましょう。 5

（1）きゅうり　아이、오이、어이　（2）理由　이유、여유、오유

（3）きつね　여우、여유、어유　（4）牛乳　우여、유우、우유

第2課　子音字（1）

韓国語には全部で 19 個の子音字があります。この課ではまず基本となる 10 個の子音字（平音）を学びます。母音「ㅏ」をつけて発音の練習をしてみましょう。

가　나　다　라　마　바　사　아　자　하

子音	書き順	説　明	文字例
ㄱ [k/g]	ㄱ	語頭では日本語の「カ行（k）」に、語中では有声音化して「ガ行（g）」に近い発音になります。	가 [ka/ga]
ㄴ [n]	ㄴ	「n」の発音。鼻に抜ける音、日本語の「ナ行」に近い発音です。	나 [na]
ㄷ [t/d]	①②ㄷ	語頭では日本語の「タ行（t）」に、語中では有声音化して「ダ行（d）」に近い発音になります。	다 [ta/da]
ㄹ [r/l]	①②③ㄹ	「r」の発音。舌先が歯茎をはじく音で、日本語の「ラ行」に近い発音です。終音（パッチム）では「l」の音になります。	라 [ra]
ㅁ [m]	①②③ㅁ	「m」の発音。鼻に抜ける音で、日本語の「マ行」に近い発音です。	마 [ma]
ㅂ [p/b]	①②③④ㅂ	語頭では日本語の「パ行（p）」に、語中では有声音化して「バ行（b）」に近い発音になります。	바 [pa/ba]
ㅅ [s/ʃ]	①②ㅅ	「s」の発音。日本語の「サ行」に近い発音です。母音「ㅣ」や「ㅣ行」と合わさると「ʃ」となります。	사 [sa]
ㅇ [無音/ŋ]	ㅇ	文字のはじめに来るとき(初声)は無音です。終声(パッチム)のときは「ŋ」の音になります。	아 [a]
ㅈ [tʃ/dʒ]	①②ㅈ	語頭では日本語の「チャ行（tʃ）」に、語中では有声音化して「ヂャ行（dʒ）」に近い発音になります。	자 [tʃa/dʒa]
ㅎ [h]	①②③ㅎ	「h」の発音。日本語の「ハ行」に近い発音です。	하 [ha]

＊上記の子音のうちㄱ、ㄷ、ㅂ、ㅈは語頭では無声音ですが、語中では有声音化します。（☞文字編第 6 課参照）
＊ㄱは母音の左に来るときは斜めに書きます。
＊ㅈは「자、자」のように字体により形が変わる場合があります。

練習問題

1．音声を聞きながらここまで習った子音に母音「ㅏ」をつけて発音してみましょう。 🔊6

가 나 다 라 마 바 사 아 자 하

2．ここまで習った子音に基本母音字 10 個を組み合わせて書きながら覚えましょう。 🔊7

	ㅏ [a]	ㅑ [ja]	ㅓ [ɔ]	ㅕ [jɔ]	ㅗ [o]	ㅛ [jo]	ㅜ [u]	ㅠ [ju]	ㅡ [ɯ]	ㅣ [i]
ㄱ [k/g]	가				고					
ㄴ [n]										
ㄷ [t/d]										
ㄹ [r/l]										
ㅁ [m]										
ㅂ [p/b]										
ㅅ [s/ʃ]										
ㅇ [無音/ŋ]										
ㅈ [tʃ/dʒ]	자									
ㅎ [h]										

*자-쟈、저-져、조-죠、주-쥬（ㅈ行）は同一音になります。

3．次の単語を読んでみましょう（ㄱ、ㄴ、ㄷ、ㄹ、ㅁ）。 8

（1）**가구**（家具）　（2）**고기**（肉）　（3）**누구**（誰）

（4）**어디**（どこ）　（5）**구두**（靴）　（6）**나라**（国）

（7）**어머니**（お母さん）　（8）**나무**（木）　（9）**머리**（頭）

4．次の単語を読んでみましょう（ㅂ、ㅅ、ㅈ、ㅎ）。 9

（1）**바다**（海）　（2）**가수**（歌手）　（3）**아버지**（お父さん）

（4）**바지**（ズボン）　（5）**하루**（一日）　（6）**오후**（午後）

5．発音しながら書いてみましょう。

（1）**주소**	住所			
（2）**버스**	バス			
（3）**모자**	帽子			
（4）**여기**	ここ			
（5）**나비**	蝶			
（6）**두부**	豆腐			
（7）**비디오**	ビデオ			
（8）**지하**	地下			
（9）**다리**	脚、橋			

6．音声を聞いて聞こえた単語を書いてみましょう。 **10**

（1）

（2）

（3）

（4）

（5）

（6）

7．音声を聞いて聞こえた単語に○をつけましょう。 **11**

（1）茄子　가지、가디、가비　（2）頭　머리、모리、바리

（3）豆腐　무수、두부、누부　（4）どこ　오디、머지、어디

（5）午後　오후、사우、보후　（6）あそこ　저니、조기、저기

文字編

第3課 子音字（2）

この課では激音と、濃音を学習します。

1. 激音

激音は息を強く吐き出す音（ㅊ、ㅋ、ㅌ、ㅍ）で、平音とは異なり語中でも有声音化せず、濁った音にはなりません。

차 카 타 파

子音	書き順	説明	文字例
ㅊ [tʃʰ]	①②③	平音「ㅈ（tʃ）」を、息を強く吐くようにして発音します。	차 [tʃʰa]
ㅋ [kʰ]	①②	平音「ㄱ（k）」を、息を強く吐くようにして発音します。	카 [kʰa]
ㅌ [tʰ]	①②③	平音「ㄷ（t）」を、息を強く吐くようにして発音します。	타 [tʰa]
ㅍ [pʰ]	①②③④	平音「ㅂ（p）」を、息を強く吐くようにして発音します。	파 [pʰa]

練習1．激音に基本母音字10個を組み合わせて書きながら覚えましょう。 12

	ㅏ [a]	ㅑ [ja]	ㅓ [ɔ]	ㅕ [jɔ]	ㅗ [o]	ㅛ [jo]	ㅜ [u]	ㅠ [ju]	ㅡ [ɯ]	ㅣ [i]
ㅊ [tʃʰ]										
ㅋ [kʰ]										
ㅌ [tʰ]										
ㅍ [pʰ]										

*차-챠、처-쳐、초-쵸、추-츄（ㅊ行）は同一音になります。

*ㅊは「차、차」のように字体により形が変わる場合があります。

練習2．次の単語を読んでみましょう。 🔊13

（1）**고추**（唐辛子）　（2）**커피**（コーヒー）　（3）**포도**（ぶどう）

（4）**파**（ネギ）　（5）**우표**（切手）　（6）**도토리**（どんぐり）

練習3．発音しながら書いてみましょう。

（1）**토마토**	トマト			
（2）**치마**	スカート			
（3）**코피**	鼻血			
（4）**피자**	ピザ			
（5）**리포트**	レポート			

❖ミニ会話 1　A：**키가 커요?**　背が高いですか。
B：**네, 커요.**　はい、高いです。

2．濃音

濃音（ㄲ、ㄸ、ㅃ、ㅆ、ㅉ）は平音「ㄱ、ㄷ、ㅂ、ㅅ、ㅈ」を２つ並べた形の文字です。激音と同じく語中でも有声音化せず濁りません。のどを詰まらせて息をもらさないように発音しましょう。

까　따　빠　싸　짜

☞濃音は、日本語の促音「っ」を発音した後に続くつもりで発音しましょう！

子音	説明	文字例
ㄲ [ʔk]	「まっか」の「っか」のようにのどを詰まらせて発音します。	까* [ʔka]

＊ㄲは母音の左に来るときは斜めに書きます。

ㄸ [ˀt]	「やった」の「った」のようにのどを詰まらせて発音します。	따 [ˀta]
ㅃ [ˀp]	「かっぱ」の「っぱ」のようにのどを詰まらせて発音します。	빠 [ˀpa]
ㅆ [ˀs]	「あっさり」の「っさ」のようにのどを詰まらせて発音します。	싸 [ˀsa]
ㅉ [ˀtʃ]	「まっちゃ」の「っちゃ」のようにのどを詰まらせて発音します。	짜 [ˀtʃa]

練習4．濃音に基本母音字 10 個を組み合わせて書きながら覚えましょう。 🔊14

	ㅏ [a]	ㅑ [ja]	ㅓ [ɔ]	ㅕ [jɔ]	ㅗ [o]	ㅛ [jo]	ㅜ [u]	ㅠ [ju]	ㅡ [ɯ]	ㅣ [i]
ㄲ [ˀk]										
ㄸ [ˀt]										
ㅃ [ˀp]										
ㅆ [ˀs]										
ㅉ [ˀtʃ]										

＊짜－쨔、쩌－쪄、조－죠、주－쥬（ㅉ行）は同一音になります。

練習5．次の単語を読んでみましょう。 🔊15

（1）**코끼리**（象）

（2）**비싸요**
（（値段が）高いです）

（3）**오빠**
（（妹から見た）お兄さん）

（4）**뿌리**（根）　（5）**허리띠**（ベルト）　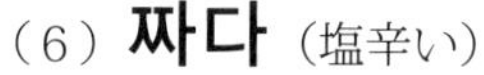（6）**짜다**（塩辛い）

練習6. 発音しながら書いてみましょう。

（1）**싸요**	安いです			
（2）**바빠요**	忙しいです			
（3）**가짜**	偽物			
（4）**아까**	さっき			
（5）**아빠**	お父さん			

■平音・激音・濃音の区別

平音	ㄱ	ㄷ	ㅂ	ㅅ	ㅈ	①息を強く吐き出さないようにする。 ②「ㅅ」以外は語中で有声音化する。
	가	다	바	사	자	
激音	ㅋ	ㅌ	ㅍ		ㅊ	①息を強く吐き出して発音する。 ②平音より高音になる。
	카	타	파		차	
濃音	ㄲ	ㄸ	ㅃ	ㅆ	ㅉ	①のどを詰まらせて発音する。 ②促音「っ」に続くつもりで発音する。
	까	따	빠	싸	짜	

❖ミニ会話 2

A：**이거, 비싸요?**　これ高いですか。

B：**아뇨, 싸요.**　いいえ、安いです。

練習問題

1．音声を聞いて聞こえた単語を書いてみましょう。 🔊16

(1) ☐☐　(2) ☐☐

(3) ☐☐　(4) ☐☐☐

(5) ☐☐　(6) ☐☐

(7) ☐☐　(8) ☐☐☐

(9) ☐☐☐　(10) ☐☐☐

2．音声を聞いて聞こえた文字、単語に○をつけましょう。 🔊17

(1) 가、카、까　(2) 다、타、따
(3) 바、파、빠　(4) 사、싸
(5) 자、차、짜　(6) 크다 (大きい)、끄다 (消す)
(7) 사다 (買う)、싸다 (安い)　(8) 다르다 (違う)、따르다 (従う)
(9) 비자 (ビザ)、피자 (ピザ)　(10) 커피 (コーヒー)、코피 (鼻血)
(11) 가지 (茄子)、까치 (カササギ)
(12) 바다 (海)、파다 (掘る)
(13) 자다 (寝る)、차다 (冷たい)、짜다 (塩辛い)

文字編

第4課　複合母音字

複合母音字は基本母音字が２つ以上組み合わさったもので、11 個あります。

基本母音字	아	야	어	여	오	요	우	유	으	이
複合母音字	애	얘	에	예	와 왜 외		워 웨 위		의	

母音	書き順	組み合わせ	説　明
애 [ɛ]	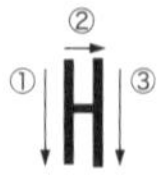	ㅏ ＋ ㅣ	日本語の「エ」よりも口を大きく開けて発音します。
얘 [jɛ]	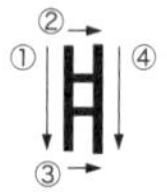	ㅑ ＋ ㅣ	口を大きく開けて「イェ」と発音します。
에 [e]	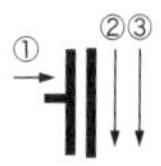	ㅓ ＋ ㅣ	日本語の「エ」と同じように発音します。 ＊昔は「애」と「에」を区別して発音しましたが、現在はほとんど同じ発音です。
예 [je]	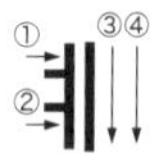	ㅕ ＋ ㅣ	日本語の「イェ」と同じように発音します。 ＊「얘」と「예」は現在はほとんど同じ発音です。
와 [wa]	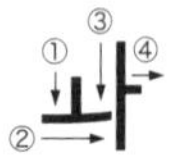	ㅗ ＋ ㅏ	日本語の「ワ」と同じように発音します。
왜 [wɛ]	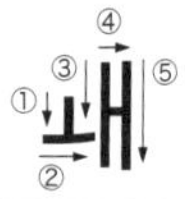	ㅗ ＋ ㅐ	口を丸めてから「ウェ」と発音します。
외 [we]	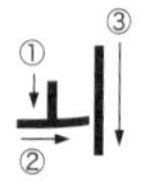	ㅗ ＋ ㅣ	口を丸めてから「ウェ」と発音します。
워 [wɔ]	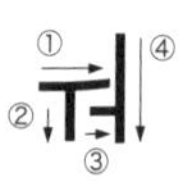	ㅜ ＋ ㅓ	日本語の「ウォ」と同じように発音します。
웨 [we]	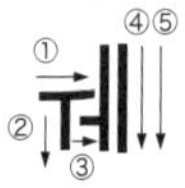	ㅜ ＋ ㅔ	口を丸めてから「ウェ」と発音します。 ＊왜、외、웨は昔は区別して発音しましたが、現在はほとんど区別せず、3つとも「ウェ」と発音します。
위 [wi]	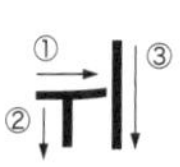	ㅜ ＋ ㅣ	口を丸めてから「ウィ」と発音します。
의 [ɯi]	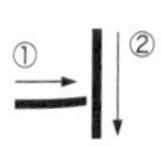	ㅡ ＋ ㅣ	口角を左右に引いて「ウイ」と発音します。 「위」とは異なるので注意しましょう。

2つ以上の発音がある複合母音字（ㅖ、ㅢ）

■ ㅖ

예は「je イェ」と発音しますが、無音の子音「ㅇ」以外の子音と組み合わさった時は「e」と発音します。

例 예 （je イェ） はい
시계 （sige シゲ） 時計

■ ㅢ

①語頭：「ɯi ウイ」と発音します。

例 의미 （ɯimi ウイミ） 意味

②語中と「ㅇ」以外の子音と組み合わさった時：「i」と発音します。

例 주의 （tʃui チュイ） 注意
희다 （hida ヒダ） 白い
무늬 （muni ムニ） 模様

③助詞（～の）：「e」と発音します。

例 우리의 미래（urie mirɛ ウリエ ミレ） 私たちの未来

❖ 辞書の順序 ❖

辞書を引くときの子音と母音の順序は次のようになります。

（1）子音

子音は平音「ㄱ、ㄷ、ㅂ、ㅅ、ㅈ」の後にそれぞれの濃音「ㄲ、ㄸ、ㅃ、ㅆ、ㅉ」を挿入した順序になります。

ㄱ ┬ ㄴ － ㄷ ┬ ㄹ － ㅁ － ㅂ ┬ ㅅ ┬ ㅇ － ㅈ ┬ ㅊ － ㅋ － ㅌ － ㅍ － ㅎ
ㄲ　　ㄸ　　ㅃ　ㅆ　　ㅉ

（2）母音

母音は基本母音の間に複合母音を挟んだ順序になります。

ㅏ ┬ ㅑ ┬ ㅓ ┬ ㅕ ┬ ㅗ ┬ ㅛ － ㅜ ┬ ㅠ － ㅡ ┬ ㅣ
ㅐ　ㅒ　ㅔ　ㅖ　ㅘ　ㅝ　ㅢ
　　　　ㅙ　ㅞ
　　　　ㅚ　ㅟ

練習問題

1．音声を聞きながら次の複合母音字を発音してみましょう。 🔊18

애　얘　에　예　와　왜　외　워　웨　위　의

2．複合母音字を書きながら覚えましょう。

애 [ɛ]				얘 [jɛ]			
에 [e]				예 [je]			
와 [wa]				왜 [wɛ]			
외 [we]				워 [wɔ]			
웨 [we]				위 [wi]			
의 [ɯi]							

3．次の単語を読んでみましょう。 🔊19

（1）**사과**（りんご）　（2）**귀**（耳）　（3）**가위**（はさみ）

（4）**회사**（会社）　（5）**새**（鳥）　（6）**시계**（時計）

（7）**의사**（医者）　（8）**돼지**（ぶた）　（9）**회의**（会議）

4．発音しながら書いてみましょう。

（1）**어제**	昨日			
（2）**취미**	趣味			
（3）**스웨터**	セーター			
（4）**노래**	歌			
（5）**얘기**	話			

5．音声を聞いて聞こえた単語を書いてみましょう。 20

（1）　（2）　（3）　（4）

6．音声を聞いて聞こえた単語に○をつけましょう。 21

（1）ねずみ　쥐、지、귀　（2）ぶた　도지、뒤지、돼지
（3）シャワー　샤와、샤워、샤위　（4）会社　회사、히사、헤사
（5）医者　이사、위사、의사　（6）お菓子　과자、귀자、괘자

❖ミニ会話③　A：**그 부대찌개 어때요?**　そのプデチゲ、どうですか。
B：**너무 매워요.**　とても辛いです。

文字編

第5課　終声（パッチム 받침）

一音節の最後につく子音字のことをパッチム（받침）と言います。パッチムとは支え、下敷きという意味があり、下で支えている子音字のことを指していう言葉です。

子音（初声）　＋　母音（中声）　＋　子音（終声＝パッチム）

강	子音（初声）	母音（中声）
	子音（終声）パッチム	

물	
	子音（初声）
	母音（中声）
	子音（終声）パッチム

終声にくる子音字の種類は多いですが、発音は次の７つになります。

		発音	終声字（パッチム）	発音のコツ	例
Ⅰ音が消えるグループ（音を外に出さない）	①	ㄱ [k]	ㄱ、ㅋ、ㄲ	「楽器（がっき）」の「がっ」で止めたときの音。舌の根元が上あごの奥をふさぐ感じになります。	국 [ku^k]　スープ 밖 [pa^k]　外 부엌 [puɔ^k]　台所
	②	ㄷ [t]	ㄷ、ㅌ、ㅅ、ㅆ、ㅈ、ㅊ、ㅎ	「待った」の「まっ」で止めたときの音。舌先を上歯の内側につけます。	맛 [ma^t]　味 낮 [na^t]　昼 꽃 [$^?$ko^t]　花 끝 [$^?$kɯ^t]　終わり
	③	ㅂ [p]	ㅂ、ㅍ	「ラッパ」の「ラッ」で止めたときのように唇を閉じて、息を止めるようにします。	밥 [pa^p]　ご飯 잎 [i^p]　葉っぱ
Ⅱ音が響くグループ（音を外に出す）	④	ㄴ [n]	ㄴ	「サンタ」の「サン」で止めたときのように舌先を上歯の内側につけて、鼻にぬけて響くように発音します。	산 [san]　山 눈 [nun]　目
	⑤	ㅁ [m]	ㅁ	「さんま」の「さん」で止めたときのように唇を閉じて、鼻にぬけて響くように発音します。	봄 [pom]　春 밤 [pam]　夜

⑥	ㅇ [ŋ]	ㅇ	「ビンゴ」の「ビン」で止めたときのように舌先をうしろに引っ込めて、鼻にぬけて響くように発音します。	강 [kaŋ] 川 방 [paŋ] 部屋
⑦	ㄹ [l]	ㄹ	英語の「l」を発音するときのように、舌先を上あごに軽くつけます。 ＊初声のㄹ（r）と発音が違います。	물 [mul] 水 술 [sul] お酒

＊パッチムに「ㄸ、ㅃ、ㅉ」は使いません。

二重終声字（パッチム）の発音

2つの異なる子音字が終声（パッチム）にくる二重終声字は全部で11個あります。二重終声の後ろに母音が来ないときは片方のみ発音します。

（1）ㄻ ㄿ 以外の9個の二重終声字は「가 나 다…」の順番が早いものを発音します。

ㄳ、ㄵ、ㄶ、ㄺ*、ㄼ*、ㄽ、ㄾ、ㅀ、ㅄ

例 넋〔넉〕魂　여덟〔여덜〕八つ　값〔갑〕値段
닭〔닥〕鶏　많다〔만타〕多い（☞激音化 p.29）

＊ただし、ㄼは動詞の場合は「ㅂ」を発音します。また、「ㄺ」は用言の場合、語幹の後に「ㄱ」で始まる語尾が来るときは「ㄹ」を発音し、「ㄱ」は「ㄲ」と濃音化します。（☞濃音化 p.28）

例 밟다〔밥따〕踏む　맑고〔말꼬〕晴れて

（2）ㄻ ㄿの2個の二重終声字は、それぞれ右側のㅁ，ㅍを発音します。

例 삶〔삼〕生　읊다〔읍따〕詠ずる

練習問題

1．次の単語を読んでみましょう。 22

（1）한글（ハングル）　（2）강（川） 　（3）한국（韓国）

（4）여름（夏） 　（5）집（家） 　（6）옷（服）

（7）일본（日本） 　（8）꽃（花） 　（9）부엌（台所）

（10）화장실（トイレ） 　（11）무릎（ひざ） 　（12）빛（光）

2．音声を聞いて発音している単語に○をつけましょう。 23

（1）花　꽃、곤、꼰　　（2）口　임、인、입
（3）月　단、달、답　　（4）体　몸、몬、뭄
（5）部屋　방、밥、반　　（6）山　상、삽、산
（7）薬　양、약、욕　　（8）川　강、각、간
（9）お金　돈、동、돌　　（10）ご飯　발、밥、밤

3．音声を聞いて二重終声の左右どちらを発音しているのか、○をつけましょう。 24

（1）土　흙（a：ㄹ　b：ㄱ）　（2）八つ　여덟（a：ㄹ　b：ㅂ）

（3）値段　값（a：ㅂ　b：ㅅ）　（4）魂　넋（a：ㄱ　b：ㅅ）

4．発音しながら書いてみましょう。

（1）한국	韓国			
（2）일본	日本			
（3）서울	ソウル			
（4）친구	友達			
（5）이름	名前			
（6）가족	家族			
（7）점심	昼食			
（8）선물	プレゼント			
（9）수업	授業			
（10）책	本			
（11）선배	先輩			
（12）도시락	弁当			
（13）선생님	先生			
（14）여행	旅行			
（15）운동	運動			
（16）계산	計算			
（17）회사원	会社員			
（18）질문	質問			

❖ 日本語のハングル表記 ❖

「す」「つ」は
「수」「쑤」ではなく
「스」「쓰」

日本語のハングル表記については韓国の国立国学院で次のように定められています。語頭と語中の表記が異なるものがあるので、注意しましょう。

					語頭（単語の最初）					語中（2 番目以降）				
あ	い	う	え	お	아	이	우	에	오	아	이	우	에	오
か	き	く	け	こ	가	기	구	게	고	카	키	쿠	케	코
さ	し	す	せ	そ	사	시	스	세	소	사	시	스	세	소
た	ち	つ	て	と	다	지	쓰	데	도	타	치	쓰	테	토
な	に	ぬ	ね	の	나	니	누	네	노	나	니	누	네	노
は	ひ	ふ	へ	ほ	하	히	후	헤	호	하	히	후	헤	호
ま	み	む	め	も	마	미	무	메	모	마	미	무	메	모
や		ゆ		よ	야		유		요	야		유		요
ら	り	る	れ	ろ	라	리	루	레	로	라	리	루	레	로
わ				を	와				오	와				오
が	ぎ	ぐ	げ	ご	가	기	구	게	고	가	기	구	게	고
ざ	じ	ず	ぜ	ぞ	자	지	즈	제	조	자	지	즈	제	조
だ	ぢ	づ	で	ど	다	지	즈	데	도	다	지	즈	데	도
ば	び	ぶ	べ	ぼ	바	비	부	베	보	바	비	부	베	보
ぱ	ぴ	ぷ	ぺ	ぽ	파	피	푸	페	포	파	피	푸	페	포
きゃ		きゅ		きょ	갸		규		교	캬		큐		쿄
しゃ		しゅ		しょ	샤		슈		쇼	샤		슈		쇼
ちゃ		ちゅ		ちょ	자		주		조	차		추		초
にゃ		にゅ		にょ	냐		뉴		뇨	냐		뉴		뇨
ひゃ		ひゅ		ひょ	햐		휴		효	햐		휴		효
みゃ		みゅ		みょ	먀		뮤		묘	먀		뮤		묘
りゃ		りゅ		りょ	랴		류		료	랴		류		료
ぎゃ		ぎゅ		ぎょ	갸		규		교	갸		규		교
じゃ		じゅ		じょ	자		주		조	자		주		조
びゃ		びゅ		びょ	뱌		뷰		뵤	뱌		뷰		뵤
ぴゃ		ぴゅ		ぴょ	퍄		퓨		표	퍄		퓨		표

日本語をハングル表記する際の注意点

① か行・た行、きゃ行・ちゃ行は語頭では平音で、語中では激音になります。
田中（たなか）: 다나카　　金子（かねこ）: 가네코

② 語頭の濁音は表記できません。
群馬（ぐんま）: 군마　　岐阜（ぎふ）: 기후

③ 長音は表記しません。
東京（とうきょう）: 도쿄　　大阪（おおさか）: 오사카

④ 促音「っ」はパッチムの「ㅅ」で表します。
北海道（ほっかいどう）: 홋카이도　　鳥取（とっとり）: 돗토리

⑤ 撥音「ん」はパッチムの「ㄴ」で表します。
本田（ほんだ）: 혼다　　仙台（せんだい）: 센다이

練習問題

1．大学名と自分の名前をハングルで書いてみましょう。

대학교 (大学)

（ 大 学 名 ）　　　　（ 名 前 ）

2．次の人名をハングルで書いてみましょう。

① 安倍　晋三　　あべ　しんぞう	
② 村上　春樹　　むらかみ　はるき	
③ 鈴木　一朗　　すずき　いちろう	
④ 本田　圭佑　　ほんだ　けいすけ	
⑤ 松本　潤　　まつもと　じゅん	

3．次の地名をハングルで書いてみましょう。

① 京都　　きょうと		⑥ 大久保　おおくぼ	
② 札幌　　さっぽろ		⑦ 銀座　ぎんざ	
③ 熊本　　くまもと		⑧ 栃木　とちぎ	
④ 名古屋　なごや		⑨ 神戸　こうべ	
⑤ 沖縄　　おきなわ		⑩ 新宿　しんじゅく	

❖ 子音の名称 ❖

ㄱ (기역)　ㄲ (쌍기역)　ㅇ (이응)
ㄴ (니은)　ㅈ (지읒)　ㅉ (쌍지읒)
ㄷ (디귿)　ㄸ (쌍디귿)　ㅊ (치읓)
ㄹ (리을)　ㅋ (키읔)
ㅁ (미음)　ㅌ (티읕)
ㅂ (비읍)　ㅃ (쌍비읍)　ㅍ (피읖)
ㅅ (시옷)　ㅆ (쌍시옷)　ㅎ (히읗)

| 子音 | ㅣ |　| 으 / 子音 |

例 ㄹ : 리을

＊「ㄱ、ㄷ、ㅅ」以外は「子音＋ㅣ、으＋子音」の名称になります。濃音字には平音の呼び方の前に「双」という意味の「쌍」がつきます。

文字編

第6課　発音の変化

韓国語では後ろに特定の音が続くと、発音が変化するルールがあります。たくさんあるようで難しく感じるかもしれませんが、徐々に慣れていきます。一度に全部覚えるのは大変なので、変化のある言葉が出てきたらルールを確認しながら覚えていきましょう。

（1）「ㄱ、ㄷ、ㅂ、ㅈ」の有声音化

「ㄱ、ㄷ、ㅂ、ㅈ」は語頭ではそのまま「k、t、p、tʃ」ですが、母音に挟まれたり終声「ㄴ、ㄹ、ㅁ、ㅇ」の次に来る場合はそれぞれ「g、d、b、dʒ」で発音します。

고기（肉）〔kogi〕　**부부**（夫婦）〔pubu〕　**여자**（女性）〔jɔdʒa〕
한국（韓国）〔hangu^{k}〕　**일본**（日本）〔ilbon〕　**공기**（空気）〔koŋgi〕

（2）連音化

終声の後に母音が続く場合、終声は後の母音と結びついて発音されます。平音「ㄱ、ㄷ、ㅂ、ㅈ」の終声は有声音化します。また、二重終声の場合は右のほうが連音化し、2つとも発音します。終声の「ㅇ」は連音化しません。

단어（単語）〔다너〕　**한국어**（韓国語）〔한구거〕　**종이**（紙）〔종이〕
옷은（服は）〔오슨〕　**앉아요**（座ります）〔안자요〕

✍【練習】　次の言葉を読んで、発音通りに書いてみましょう。　🔊25

① 사람이（人が）⇨〔　　〕	② 밖은（外は）⇨〔　　〕
③ 꽃이（花が）⇨〔　　〕	④ 읽어요（読みます）⇨〔　　〕
⑤ 숲을（森を）⇨〔　　〕	⑥ 집이（家が）⇨〔　　〕

（3）濃音化

① 終声〔k〕〔t〕〔p〕の後に平音「ㄱ、ㄷ、ㅂ、ㅅ、ㅈ」が続くと、それぞれ濃音「ㄲ、ㄸ、ㅃ、ㅆ、ㅉ」として発音します。

終声		次の音節の初声		濃音（初声）
[k] [t] [p]	＋	ㄱ、ㄷ、ㅂ、ㅅ、ㅈ	⇨	ㄲ、ㄸ、ㅃ、ㅆ、ㅉ

약속（約束）〔약쏙〕　**집단**（集団）〔집딴〕
학교（学校）〔학꾜〕　**있다**（ある／いる）〔읻따〕

② 漢字語で終声「ㄹ」の後に続く「ㄷ、ㅅ、ㅈ」は、それぞれ「ㄸ、ㅆ、ㅉ」として発音します。

漢字語		次の音節の初声		濃音（初声）
終声 ㄹ	＋	ㄷ、ㅅ、ㅈ	⇨	ㄸ、ㅆ、ㅉ

철도（鉄道）〔철또〕　**출석**（出席）〔출썩〕　**일정**（日程）〔일쩡〕

●「ㄱ、ㅂ」の場合は濃音化しませんので気をつけましょう。
결과（結果）〔결과〕　**불복**（不服）〔불복〕

③ 未来連体形語尾「ㄹ、을」の後ろに来る平音「ㄱ、ㄷ、ㅂ、ㅅ、ㅈ」は、それぞれ濃音「ㄲ、ㄸ、ㅃ、ㅆ、ㅉ」として発音します。
갈 사람（行く人）〔갈싸람〕　**갈 곳**（行くところ）〔갈꼳〕

✍【練習】 次の言葉を読んで、発音通りに書いてみましょう。　🔊26

① 학생（学生）　⇨〔　　　〕	② 식당（食堂）　⇨〔　　　〕
③ 숙제（宿題）　⇨〔　　　〕	④ 입시（入試）　⇨〔　　　〕

（4）激音化

「ㅎ」と平音の「ㄱ、ㄷ、ㅂ、ㅈ」が隣り合った場合（「ㅎ」が先でも後ろでも同じ）、それぞれ激音「ㅋ、ㅌ、ㅍ、ㅊ」として発音します。また終声〔k〕〔t〕〔p〕の後に「ㅎ」が続くと「ㅋ、ㅌ、ㅍ」として発音します。

終声	次の音節の初声	激音（初声）
ㅎ ＋	ㄱ、ㄷ、ㅂ、ㅈ	ㅋ、ㅌ、ㅍ、ㅊ
ㄱ、ㄷ、ㅂ、ㅈ	＋ ㅎ	ㅋ、ㅌ、ㅍ、ㅊ

終声		次の音節の初声		激音（初声）
[k]			⇨	ㅋ
[t]	＋	ㅎ	⇨	ㅌ
[p]			⇨	ㅍ

축하（祝賀）〔추카〕　**입학**（入学）〔이팍〕
좋다（良い）〔조타〕　**잊히다**（忘れられる）〔이치다〕

● 〔t〕音で発音される終声「ㅅ」「ㅊ」＋「ㅎ」は「ㅌ」として発音します。

例 **첫해**（初年）〔처태〕　**못하다**（できない）〔모타다〕
꽃하고（花と）〔꼬타고〕

● 終声「ㅎ」＋「ㅅ」は濃音化しますので注意しましょう。

例 **좋습니다**（良いです）〔조씁니다〕

● 二重終声「ㄶ」「ㅀ」は、後ろに「ㄱ ㄷ ㅂ ㅈ」が続く場合、左側の子音を終声で発音し、「ㅎ」は後ろの子音と合わさり激音で発音します。

例 **많다**（多い）〔만타〕　例 **싫다**（嫌いだ）〔실타〕

✍【練習】 次の言葉を読んで、発音通りに書いてみましょう。 🔊27

①약혼（婚約）　⇨〔　　〕	②입학（入学）　⇨〔　　〕
③부탁하다（お願いする）　⇨〔　　〕	④이렇게（このように）　⇨〔　　〕

（5）ㅎ弱化

終声「ㄴ、ㄹ、ㅁ、ㅇ」の後に初声「ㅎ」が続いた場合、ㅎが弱化する傾向があります。また、終声「ㅎ」の後に母音が続く場合の「ㅎ」の音はほとんど発音しません。

영화（映画）〔영와〕　**말하다**（話す）〔말아다〕⇨〔마라다〕
좋아요（良いです）〔조아요〕　**천천히**（ゆっくり）〔천천이〕⇨〔천처니〕
（ㅎ弱化＋連音化）

● ㅎ弱化は個人差があるほか、発話スピードや単語によって弱化が起こらないこともあります。本書では「안녕하세요（こんにちは）」は「アンニョンハセヨ」と、「안녕히（お元気に）」は「アンニョンイ」と表記しています（☞あいさつ言葉 p.33）。

（6）鼻音化

① 終声〔k〕〔t〕〔p〕の後に「ㄴ、ㅁ」が続く場合、〔k〕は「ㅇ」、〔t〕は「ㄴ」、〔p〕は「ㅁ」の音で発音します。

終声		次の音節の初声		終声		次の音節の初声
[k]			⇨	ㅇ		
[t]	＋	ㄴ／ㅁ	⇨	ㄴ	＋	ㄴ／ㅁ
[p]			⇨	ㅁ		

한국말（韓国語）〔한궁말〕　**거짓말**（うそ）〔거진말〕
입니다（です）〔임니다〕　**작년**（昨年）〔장년〕

②「ㄹ」の鼻音化

i）終声〔k〕〔t〕〔p〕の後に「ㄹ」が続く場合、終声はそれぞれ「ㅇ」「ㄴ」「ㅁ」と発音し、初声「ㄹ」は「ㄴ」として発音します。

국립（国立）〔국닙〕⇨〔궁닙〕（ㄹの鼻音化＋鼻音化）　**합류**（合流）〔합뉴〕⇨〔함뉴〕（ㄹの鼻音化＋鼻音化）

ii）終声「ㅁ、ㅇ」の後に「ㄹ」が続く場合、「ㄹ」は「ㄴ」として発音します。

심리（心理）〔심니〕　**종류**（種類）〔종뉴〕

✍【練習】次の言葉を読んで、発音通りに書いてみましょう。　🔊28

① 작문（作文）⇨〔　　〕	② 합류（合流）⇨〔　　〕
③ 합니다（します）⇨〔　　〕	④ 거짓말（うそ）⇨〔　　〕

（7）流音化

「終声ㄹ＋ㄴ」、もしくは「終声ㄴ＋ㄹ」の場合は、「ㄹ＋ㄹ」と発音します。

終声		初声		終声		初声
ㄹ	＋	ㄴ	⇨	ㄹ	＋	ㄹ
ㄴ	＋	ㄹ	⇨	ㄹ	＋	ㄹ

연락（連絡）〔열락〕　**일년**（一年）〔일련〕

（8）ㄴ挿入

合成語で、終声の後に母音「ㅑ、ㅕ、ㅛ、ㅠ、ㅣ」が続く場合、「ㄴ」を挿入して発音することがあります。挿入後にまた鼻音化や流音化する場合もあります。

일본 요리（日本料理）〔일본뇨리〕　**그림 엽서**（絵葉書）〔그림녑써〕
한국 요리（韓国料理）〔한국뇨리〕⇨〔한궁뇨리〕（ㄴ挿入後、鼻音化）
서울역（ソウル駅）〔서울녁〕⇨〔서울력〕（ㄴ挿入後、流音化）

＊例外：안약〔아냑〕目薬

(9) 口蓋音化

終声「ㄷ、ㅌ」に「이」が続くと、「ㄷ」は「ㅈ」、「ㅌ」は「ㅊ」に発音が変わり、その後連音化します。

終声 **ㄷ** + **이** ⇨ **지**
終声 **ㅌ** + **이** ⇨ **치**

굳이（あえて）〔구지〕　　**같이**（一緒に）〔가치〕

練習問題

※ 次の言葉を発音の変化に注意して発音どおりに書いて読んでみましょう。 29

（1）**약속**（約束） ⇨
濃音化

（2）**전화**（電話） ⇨
ㅎ弱化、連音化

（3）**많이**（たくさん） ⇨
ㅎ弱化、連音化

（4）**입니다**（です） ⇨
鼻音化

（5）**없다**（ない / いない） ⇨
濃音化

（6）**좋다**（良い） ⇨
激音化

（7）**좋아요**（いいです） ⇨
ㅎ弱化

（8）**한국말**（韓国語） ⇨
鼻音化

（9）**편리**（便利） ⇨
流音化

（10）**같이**（一緒に） ⇨
口蓋音化

（11）**작년**（昨年） ⇨
鼻音化

（12）**입술**（唇） ⇨
濃音化

（13）**앉아요**（座ります） ⇨
連音化

（14）**부산역**（釜山駅） ⇨
ㄴ挿入

❖ あいさつ言葉 ❖

1. 出会いのあいさつ

🔊30

アンニョンハセヨ
안녕하세요?
こんにちは

ネ、　アンニョンハセヨ
네, 안녕하세요?
はい、こんにちは

「안녕하세요?」は朝・昼・晩の時間帯に関わらず使えるうちとけた言い方のあいさつです。かしこまった言い方は「안녕하십니까?」です。親しい若い人同士では「안녕?（元気？）」や「안녕!（やあー！）」を使います。

2. 別れのあいさつ

🔊31

アンニョンイ　カセヨ
안녕히 가세요.
さようなら

ネ、　アンニョイ　ケセヨ
네, 안녕히 계세요.
ええ、さようなら

「안녕히 가세요」はその場から立ち去る人に、「안녕히 계세요」はその場に居残る人に対して使うあいさつです。両方とも立ち去る場合はお互いに「안녕히 가세요」と言います。親しい若い人同士では「안녕!（バイバイ）」や去る人に「잘 가（気をつけて）」、残る人に「잘 있어（元気でね）」などを使います。

☞ **発音チェック**　안녕히〔안녕이〕ㅎ弱化　　계세요〔게세요〕

＊母音「ㅖ」は「ㅔ」と発音（☞文字編第 4 課 p.19 参照）

3. 感謝の言葉

🔊32

カムサハムニダ
감사합니다.
ありがとうございます

アニエヨ
아니에요.
いいえ

「감사합니다」は直訳すると「感謝します」という意味です。これに対するうちとけた言い方は「감사해요」です。そのほかの感謝の表現に「고맙습니다」「고마워요」があります。答えとしては「아니에요（いいえ）」のほかに「천만에요（どういたしまして）」も使われます。親しい友人同士では「고마워（ありがとう）」を使います。その際の答えは「아냐（いや）」を使います。

☞ **発音チェック**　감사합니다〔감사함니다〕鼻音化

4. 謝罪の言葉

🔊33

チェソンハムニダ
죄송합니다.
申し訳ありません

クェンチャナヨ
괜찮아요.
大丈夫です

「죄송합니다」は丁重な謝罪の言葉です。これに対するうちとけた言い方は「죄송해요」です。少し軽い謝罪表現のごめんなさいに「미안합니다」「미안해요」があります。謝られた時の答えは「괜찮습니다（かしこまった言い方）」「괜찮아요（うちとけた言い方）」のほか「아닙니다（いいえ：かしこまった言い方）」「아니에요（うちとけた言い方）」もよく使います。親しい友人同士では「미안해（ごめんね）」「미안（ごめん）」を使います。その際の答えは「괜찮아（大丈夫）」を使います。

☞ **発音チェック**　죄송합니다〔죄송함니다〕鼻音化
괜찮아요〔괜차나요〕ㅎ弱化、連音化

ステージ2

基礎をしっかり！

会話編　登場人物

기무라 아야카

木村　綾香（きむら　あやか）

大学１年生。大学で韓国文学を専攻している。韓国が大好きで、韓国に留学中。明るくて積極的な性格で、すぐに友達と打ち解けて韓国の留学生活を楽しんでいる。

이동민

李東民（イ・ドンミン＊）

大学１年生。綾香とは一番仲がよい。優しく面倒見がよく、綾香に韓国の映画や食べ物などを紹介したり、コンサートに誘ったり、家にも招待したりしてくれる。

강지애

姜智愛（カン・ヂエ＊）

大学４年生。日本語を専攻していて、綾香とも琢也とも親しい。就職の準備をしていたが、希望する会社に就職が決まる。

이시이 다쿠야

石井　琢也（いしい　たくや）

大学３年生。日本の大学で韓国語を専攻。韓国には来たばかりで韓国生活にはまだ慣れていない。チエにいろいろ助けてもらっている。

김상준

金相俊（キム・サンジュン）

社会人。トンミンの先輩で、綾香とはもっと親しくなりたいと思っている。明るくて気さくな性格。

＊韓国人の姓名は普通、分かち書きをしないで姓と名を続けて書きます。日本語で表記するときは通常名字と名前を区別するため「・」を入れて表記します。

＊トンミンとチエはフルネームで言う時は有声音化して「イ・ドンミン」「カン・ヂエ」となります。

第1課

저는 이동민입니다.

私はイ・ドンミンです。

34

学習内容

1 名詞 + 는/은　~は（助詞）
2 名詞 + 입니다/입니까?　~です（か）（名詞文の합니다体）
3 名詞 + 도　~も（助詞）
4 名詞 + (이)라고 합니다　~と申します、~といいます

동　민 : 안녕하십니까? 저는 이동민입니다.

아야카 : 안녕하세요? 만나서 반갑습니다.
저는 기무라 아야카라고 합니다.

동　민 : 아야카 씨는 학생입니까?

아야카 : 네, 대학생입니다.

동　민 : 저도 대학생입니다. 잘 부탁합니다.

東民：こんにちは。私はイ・ドンミンです。
綾香：こんにちは。お会いできて嬉しいです。私は木村綾香と申します。
東民：綾香さんは学生ですか。
綾香：はい、大学生です。
東民：私も大学生です。よろしくお願いします。

語句の解説

▶ **안녕하십니까?**：こんにちは（朝・昼・晩を問わずに使うあいさつ言葉）。最後に「？」をつける。「안녕하세요?」よりフォーマルでかしこまった表現

▶ **저**：私

▶ **－는**：～は（母音で終わる名詞＋는）

▶ **－입니다**：～です

▶ **안녕하세요?**：こんにちは。「안녕하십니까?」よりうちとけた表現

▶ **만나서 반갑습니다**：お会いできて嬉しいです。만나서は「会って」반갑습니다は「（出会って）嬉しいです」という意味。만나서を省略して반갑습니다だけを使うこともあります。

▶ **（名前）라고 합니다**：～と申します（母音で終わる名前の場合）

▶ **－씨**：～さん、～［氏］

▶ **학생**：［学生］

▶ **－입니까?**：～ですか

▶ **네**：はい。「예」とも言います。

▶ **대학생**：［大学生］

▶ **－도**：～も

▶ **잘**：よろしく

▶ **부탁합니다**：お願いします

注意する発音

안녕하십니까？〔☞ 안녕하심니까〕(鼻)

반갑습니다〔☞ 반갑씀니다〕(濃)(鼻)

대학생〔☞ 대학쌩〕(濃)

입니다〔☞ 임니다〕(鼻)

합니다〔☞ 함니다〕(鼻)

부탁합니다〔☞ 부타캄니다〕(激)(鼻)

＊(鼻)などについては「まえがき」参照

文法・練習問題の単語　🔊35

- **도쿄** 東京
- **주부**［主婦］
- **집** 家
- **여기** ここ
- **도서관**［図書館］
- **이름** 名前
- **역**［駅］
- **회사원**［会社員］
- **화장실**［化粧室］、トイレ
- **고향**［故郷］、出身
- **서울** ソウル（地名）
- **전공**［専攻］
- **대학**［大学］
- **어머니** お母さん
- **유학생**［留学生］
- **제** 私の

文法

1 名詞 + 는/은　～は（助詞）

助詞「～は」を表す韓国語は母音で終わる名詞（終声なし）の場合は「는」、子音で終わる名詞（終声あり）の場合は「은」になります。

母音で終わる名詞+**는**	**子音**で終わる名詞+**은**
저는　（私は） 동민 씨는　（トンミンさんは）	도쿄역은　（東京駅は） 전공은　（専攻は）

2 名詞 + 입니다/입니까？　～です（か）

名詞文の합니다体

日本語の「～である、だ」という意味を表す「－이다」の丁寧形です。叙述形は名詞に「입니다」を、疑問形は「입니까?」をつけます。韓国語には丁寧さを表す表現が大きく分けて「합니다体」と「해요体」の２種類ありますが、こちらはもっとも丁寧な表現である「**합니다体**」です。

基本形	叙述形	疑問形
名詞+**이다**	名詞+**입니다**　（～です）	名詞+**입니까?**　（～ですか）
주부이다	주부**입니다.**　（主婦です）	주부**입니까?**　（主婦ですか）
회사원이다	회사원**입니다.**（会社員です）	회사원**입니까?**（会社員ですか）

3 名詞 + 도　～も（助詞）

助詞「～も」を表します。形は母音・子音終わり関係なく1つだけです。終声に［k］［t］［p］が続くと濃音化して発音されます。

例 **대학도**［대학또］（大学も）　　**집도**［집또］（家も）

4 名詞 + (이)라고 합니다　～と申します、～といいます

子音で終わる名詞の後には「이」をつけるので気をつけましょう。

母音で終わる名詞+**라고 합니다**	**子音**で終わる名詞+**이라고 합니다**
오카다 리에**라고 합니다.** （岡田理恵と申します）	마쓰오카 준**이라고 합니다.** （松岡潤と申します）
이수미**라고 합니다.** （イ・スミと申します）	도이레는 화장실**이라고 합니다.** （トイレはファジャンシルといいます）

練習問題

1．次の（　　　）の中に助詞「～は」にあたる韓国語を入れてください。

（1）어머니（　　　）：母は　　　（2）여기（　　　）：ここは

（3）집（　　　）：家は　　　（4）고향（　　　）：故郷は

2．例のように「～は～です（か）」を用いて文を作ってみましょう。

例 저（私）、유학생（留学生）

⇨ 저는 유학생입니다.

（私は留学生です）

（1）어머니（母）、주부（主婦）

⇨

（母は主婦です）

（2）유진 씨（ユジンさん）、학생（学生）

⇨

（ユジンさんは学生ですか）

（3）여기（ここ）、도서관（図書館）

⇨

（ここは図書館です）

（4）고향（故郷）、서울（ソウル）

⇨

（故郷はソウルです）

3．例のように「～は～と申します」を用いて文を作ってみましょう。

例 저（私）、야마다 히로키（山田弘樹）

⇨ 저는 야마다 히로키라고 합니다.

（1）저（私）、박수혁（パク・スヒョク）

⇨

（2）저（私）、고이즈미 리카（小泉里香）

⇨

（3）제 이름（私の名前）、김미영（キム・ミヨン）

⇨

4．次の□の中に適切な文字を入れて単語を完成してみましょう。

（1）ここ □기　（2）母 어□니

（3）会社員 □사원　（4）主婦 □부

5．次の単語を韓国語で書いてみましょう。

（1）家：　（2）図書館：

（3）大学生：　（4）名前：

（5）専攻：　（6）故郷：

即！実践トレーニング

1．次の各文を韓国語で書いて話してみましょう。

（1）私は（自分の名前）と申します。 ⇨

（2）お会いできて嬉しいです。 ⇨

（3）鈴木さんは学生ですか。 ⇨

（4）私も会社員です。 ⇨

（5）よろしくお願いします。 ⇨

2．音声を聞いて（　　　）の中に語句を入れてください。 36

미진：안녕하십니까?

리카：네, (　　　　　　)?

미진：저는 김미진(　　　) (　　　　　).

만나서 (　　　　　　　).

리카 : 저는 고이즈미 리카(　　　) (　　　　　).
　　　학생입니다.
미진 : (　　) 학생입니다.
　　　잘 (　　　　　).

문화방　人を呼ぶときの表現 I

1. ～씨　～さん

日本語の「～さん」にあたる씨は、成人間の会話で使いますが、目上の人に使うと失礼になります。フルネームか下の名前に「씨」をつけます。韓国では名字だけに「씨」をつけて呼ぶことはしません。

박성준 씨（○）（フルネーム＋さん○）

성준 씨（○）（下の名前＋さん○）

박 씨（×）（名字＋さん×、個人ではなく家の一族の意味になります）

2. ～님　　～様

님は씨より丁寧なことばで、目上にも使います。最近は銀行や空港、病院、行政機関などでは、～님、～손님（お客様）、～고객님（顧客様）をつけて呼ぶところが多いです。

박성준 님　朴成俊様

박성준 손님　朴成俊お客様

박성준 고객님　朴成俊顧客様

3. 肩書き・職業名＋様

目上の人を肩書き・職業名で呼ぶときは必ず肩書き・職業名に「님」をつけます。

김 사장님　金社長

이 선생님　李先生

☞名前につく「씨」「님」は正書法では分かち書きをしますが、実際の生活では分かち書きしない人も多いです。肩書きや、職業名、お客、顧客などにつく「님」の場合は分かち書きをせず続けて書きます。

第2課

전공이 뭐예요?

専攻は何ですか。

37

1 名詞 + 가/이　～が（助詞）
2 名詞 + 예요/이에요　～です（か）（名詞文の해요体）
3 名詞 + 가/이 아닙니다(아니에요)　～ではありません（名詞文の否定形）

상　준 : 처음 뵙겠습니다. 김상준입니다.

아야카 : 안녕하세요? 저는 기무라 아야카예요.
상준 씨는 학생이에요?

상　준 : 아뇨, 학생이 아니에요. 회사원이에요.
아야카 씨는 학생이에요?

아야카 : 네, 대학생이에요.

상　준 : 전공이 뭐예요?

아야카 : 한국 문학이에요.

相俊：はじめまして。キム・サンジュンです。
綾香：こんにちは。私は木村綾香です。サンジュンさんは学生ですか。
相俊：いいえ、学生ではありません。会社員です。綾香さんは学生ですか。
綾香：はい、大学生です。
相俊：専攻は何ですか。
綾香：韓国文学です。

▶ **처음 뵙겠습니다**：はじめまして。처음は「はじめて」、뵙겠습니다は「お目にかかります」という意味です。

▶ **－예요(?)**：～です（か）。母音で終わる名詞につきます。
第１課で学習した－입니다/입니까? よりうちとけた言い方です。

▶ **－이에요(?)**：～ですか。子音で終わる名詞につきます。

▶ **아뇨**：いいえ。「아니요」の縮約形

▶ **학생이 아니에요**：学生ではありません。「子音で終わる名詞＋이 아니에요」は名詞文の否定形で、うちとけた表現です。

▶ **－이**：～が（子音で終わる名詞＋이）

▶ **뭐**：何。「무엇」の縮約形
※疑問詞と一緒に使われる場合は普通「－가/이（～が）」がつきます。
例 전공이 뭐예요? 専攻は何ですか。

▶ **한국**：[韓国]

▶ **문학**：[文学]

注意する発音

뵙겠습니다〔☞ 뵙겓씀니다〕濃 鼻
회사원이에요〔☞ 회사워니에요〕連
뭐예요〔☞ 뭐에요〕「예요」は〔에요〕と発音する。表記を間違えないように！
한국 문학이에요〔☞ 한궁무나기에요〕鼻 ㅎ弱 連

文法・練習問題の単語　38

- **학교** [学校]
- **일본** [日本]
- **의사** 医者、[医師]
- **어디** どこ
- **메뉴** メニュー
- **언니** （妹から）姉
- **축구** サッカー〈蹴球〉
- **친구** 友達〈親旧〉
- **사람** 人
- **식당** [食堂]
- **영화** [映画]
- **김치** キムチ
- **야구** [野球]
- **아버지** お父さん
- **누구** 誰
- **가수** [歌手]
- **취미** [趣味]
- **감상** [鑑賞]
- **찌개** チゲ（なべ料理）
- **선수** [選手]
- **선생님** 先生、[先生－]

文法

1 名詞 + 가/이　~が (助詞)

助詞「~が」を表す韓国語は母音で終わる名詞の場合は「가」を、子音で終わる名詞の場合は「이」をつけます。日本語では「何」「どこ」「いつ」「誰」などの疑問詞を使って尋ねるときは、「は」を使いますが、韓国語では「が」に相当する「가/이」を使うのが一般的です。

母音で終わる名詞＋**가**	**子音**で終わる名詞＋**이**
학교**가**　(学校が) 친구**가**　(友達が)	화장실**이**　(トイレが) 전공**이**　(専攻が)

2 名詞 + 예요/이에요　~です (か)

名詞文の해요体

第1課で学習した「-입니다」「-입니까?」(합니다体) と同じく「~です」「~ですか」という丁寧な表現ですが、第1課の「합니다体」より、うちとけた表現になります。こちらの「-예요/이에요」は「해요体」と言います。母音で終わる名詞には「예요」を子音で終わる名詞には「이에요」をつけます。叙述形と疑問形は同じ形ですが、疑問形は「?」をつけて書き語尾を上げて発音しましょう。

	母音で終わる名詞＋**예요**	**子音**で終わる名詞＋**이에요**
叙述形	기무라 아야카**예요.** (木村綾香です)	이동민**이에요.** (イ・ドンミンです)
疑問形	누구**예요?** (誰ですか)	일본 사람**이에요?** (日本人ですか)

3 名詞 + 가/이 아닙니다(아니에요)　~ではありません (名詞文の否定形)

名詞文の否定形は、母音で終わる名詞には「가 아닙니다」(합니다体)・「가 아니에요」(해요体)、子音で終わる名詞には「이 아닙니다」(합니다体)・「이 아니에요」(해요体) をつけます。疑問形は「아닙니까?」「아니에요?」になります。

	母音で終わる名詞＋**가 아닙니다**	**子音**で終わる名詞＋**이 아닙니다**
합니다体	가수**가 아닙니다.** (歌手ではありません)	학생**이 아닙니다.** (学生ではありません)
	母音で終わる名詞＋**가 아니에요**	**子音**で終わる名詞＋**이 아니에요**
해요体	의사**가 아니에요.** (医者ではありません)	회사원**이 아니에요.** (会社員ではありません)

練習問題

1．次の（　　　）の中に助詞「〜が」にあたる韓国語を入れてみましょう。

（1）여기（　　　）：ここが　　（2）집　（　　　）：家が

（3）고향（　　　）：故郷が　　（4）친구（　　　）：友達が

2．例のように「〜が〜です（か）」（해요体）を用いて文を作ってみましょう。

例 여기（ここ）、학생식당（学生食堂）

⇨ 여기가 학생식당이에요.

（ここが学生食堂です）

（1）이름（名前）、뭐（何）

⇨

（名前は何ですか）

김...?
이...?
박...?

（2）취미（趣味）、뭐（何）

⇨

（趣味は何ですか）

테니스
독서
음악감상

（3）친구（友達）、한국 사람（韓国人）

⇨

（友達が韓国人です）

（4）집（家）、어디（どこ）

⇨

（家はどこですか）

3．A、Bに（1）〜（4）の言葉を入れて言ってみましょう。

例 가：（　A　）가/이 뭐예요?　　（　A　）は何ですか。

나：（　B　）예요/이에요.　　（　B　）です。

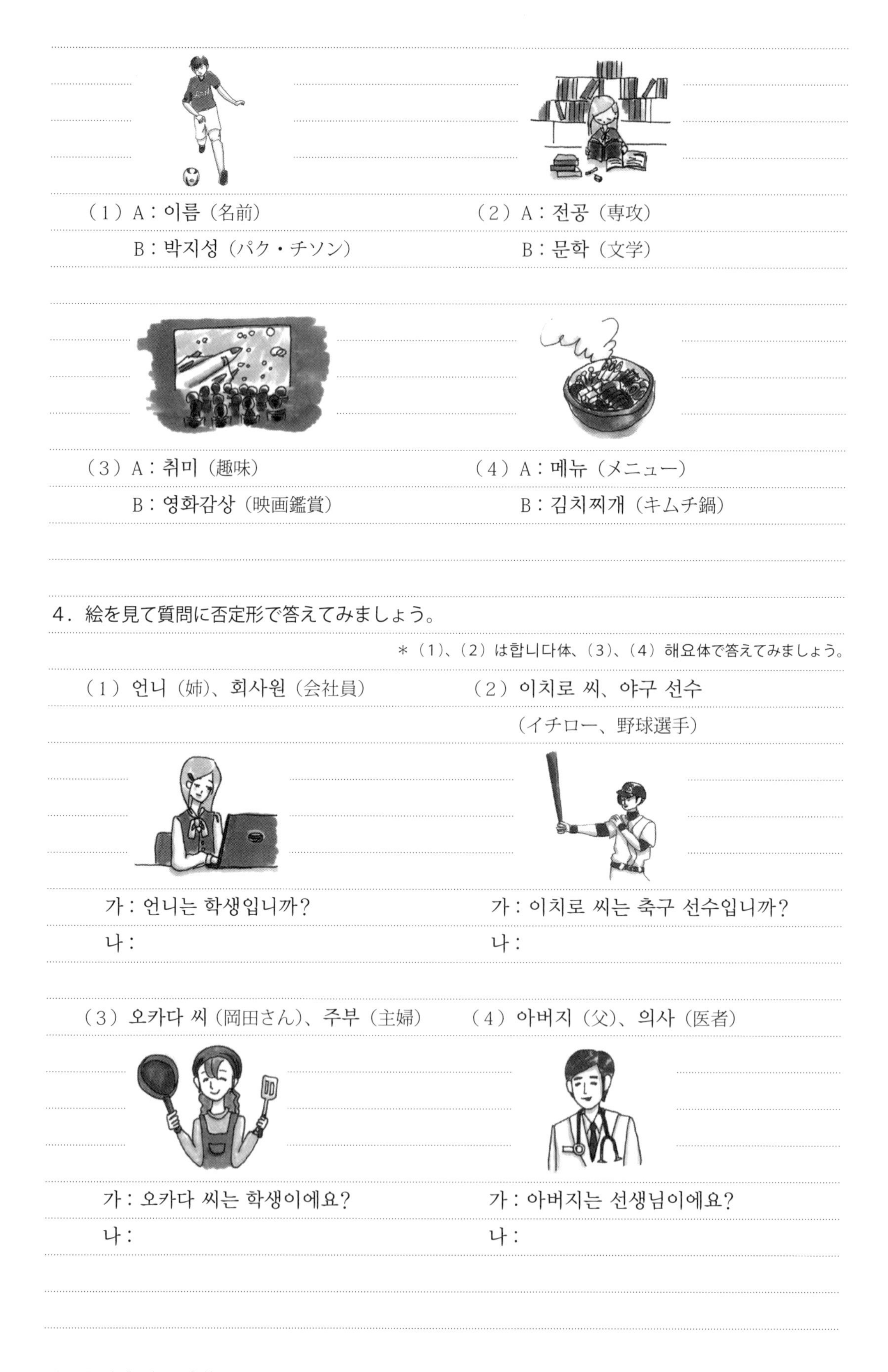

（1）A：이름（名前）
B：박지성（パク・チソン）

（2）A：전공（専攻）
B：문학（文学）

（3）A：취미（趣味）
B：영화감상（映画鑑賞）

（4）A：메뉴（メニュー）
B：김치찌개（キムチ鍋）

4．絵を見て質問に否定形で答えてみましょう。

＊（1）、（2）は합니다体、（3）、（4）해요体で答えてみましょう。

（1）언니（姉）、회사원（会社員）

가：언니는 학생입니까?
나：

（2）이치로 씨、야구 선수
（イチロー、野球選手）

가：이치로 씨는 축구 선수입니까?
나：

（3）오카다 씨（岡田さん）、주부（主婦）

가：오카다 씨는 학생이에요?
나：

（4）아버지（父）、의사（医者）

가：아버지는 선생님이에요?
나：

5．次の単語を日本語は韓国語に、韓国語は日本語に直してみましょう。

（1）キムチ　　（2）일본 사람

（3）映画　　（4）화장실

（5）友達　　（6）취미

語彙プラス　전공（専攻）

경영학［経営学］	경제학［経済学］	법학［法学］
영문학［英文学］	사학［史学］	심리학［心理学］
기계공학［機械工学］	건축학［建築学］	언어학［言語学］
철학［哲学］	물리학［物理学］	상학［商学］
디자인 デザイン	교육학［教育学］	약학［薬学］
사회학［社会学］	회계학［会計学］	정치학［政治学］
중국어［中国語］	독일어 ドイツ語［独逸語］	불어 フランス語［仏語］

即！ 実践トレーニング

1．次の質問に해요体で答えてみましょう。

（1）집이 어디예요?

（2）한국 사람이에요?

（3）전공이 뭐예요?

2．音声を聞いて、日本語訳と同じものには○、違うものには × をつけましょう。 39

（1）（　　　）私は韓国人です。

（2）（　　　）トイレはどこですか。

（3）（　　　）ここが図書館です。

（4）（　　　）会社員ではありません。

（5）（　　　）歌手ではありません。

第3課

도서관 옆에 있습니다.

図書館の横にあります。

🔊 40

学習内容
1 이・그・저・어느　この・その・あの・どの（指示詞）
2 있습니다(있어요)/없습니다(없어요)　あります／ありません
3 名詞＋하고　～と（助詞）
4 名詞＋에　～に　存在・位置（助詞）
5 位置を表す言葉

아야카 : 동민 씨, 국제교류센터는 어디에 있습니까?

동　민 : 도서관 옆에 있습니다.

아야카 : 고마워요.

동　민 : 그 안에 학생식당하고 매점도 있어요.

아야카 : 그래요? 그럼, 서점도 있어요?

동　민 : 아뇨, 서점은 없어요.

綾香：トンミンさん、国際交流センターはどこにありますか。
東民：図書館の横にあります。
綾香：ありがとうございます。
東民：その中に学生食堂と売店もありますよ。
綾香：そうですか。では、書店もありますか。
東民：いいえ、書店はありません。

語句の解説

- ▶ **국제교류센터**：［国際交流］センター
- ▶ **－에**：～に（位置を表す助詞）
- ▶ **있습니까?**：ありますか。㊍있다の합니다体
- ▶ **옆**：横
- ▶ **있습니다**：あります。㊍있다の합니다体
- ▶ **고마워요**：ありがとうございます。㊍고맙다の해요体。不規則用言。
  他に고맙습니다とも言います。
- ▶ **그**：その。指示詞
- ▶ **안**：中
- ▶ **－하고**：～と
- ▶ **매점**：［売店］
- ▶ **있어요(?)**：あります（か）。㊍있다の해요体
- ▶ **그래요?**：そうですか。㊍그렇다の해요体。
  不規則用言ですが、フレーズとして丸暗記して使いましょう。
- ▶ **그럼**：では
- ▶ **서점**：本屋、［書店］
- ▶ **없어요(?)**：ありません（か）。㊍없다の해요体

注意する発音

국제〔☞ 국쩨〕㊟濃
옆에〔☞ 여페〕㊟連
있습니까?〔☞ 인씀니까〕㊟濃 ㊟鼻
없어요〔☞ 업써요〕㊟連 ㊟濃

文法・練習問題の単語

🔊41

- **오늘** 今日
- **남동생** 弟〈男同生〉
- **핸드폰** 携帯電話
- **오빠**（妹から）兄
- **숙제**［宿題］
- **자리** 席
- **교실**［教室］
- **약속**［約束］
- **지금** 今〈只今〉
- **누나**（弟から）姉
- **지갑** 財布〈紙匣〉
- **수업**［授業］
- **모자**［帽子］
- **나** 私、僕
- **시간**［時間］
- **가방** カバン
- **여동생** 妹〈女同生〉
- **형**（弟から）［兄］
- **돈** お金
- **소파** ソファー

文法

1 이·그·저·어느　この・その・あの・どの（指示詞）

話し手に近いものには「이」を、聞き手に近いものには「그」を、どちらからも遠いものには「저」を使います。「이·그·저·어느」に「것（もの／こと）」をつけてそれぞれ「**이것·그것·저것·어느 것**」とすると、物を表す指示代名詞「これ、それ、あれ、どれ」になります。これらに助詞「〜は」「〜が」をつけて使う場合、日常会話では縮約形をよく用います。

指示詞	元の形	縮約形	元の形	縮約形	元の形	縮約形
이　この	이것　これ	이거	이것은	이건	이것이	이게
그　その	그것　それ	그거	그것은	그건	그것이	그게
저　あの	저것　あれ	저거	저것은	저건	저것이	저게
어느　どの	어느 것 どれ	어느 거	어느 것은	어느 건	어느 것이	어느 게

2 있습니다(있어요)/없습니다(없어요)
ありません・います／ありません・いません

「있다（ある、いる）」「없다（ない、いない）」の丁寧な形の**합니다**体と**해요**体。日本語のような無生物・生物による「ある」「いる」／「ない」「いない」の区別はありません。

基本形		합니다体（かしこまった表現）	해요体（うちとけた表現）
있다（ある、いる）	叙述形	있습니다.	있어요.
	疑問形	있습니까?	있어요?
없다（ない、いない）	叙述形	없습니다.	없어요.
	疑問形	없습니까?	없어요?

例 오늘은 약속이 있어요.　（今日は約束があります。）
시간이 없습니다.　（時間がありません。）

3 名詞 + 하고　〜と（助詞）

하고は母音・子音終わりに関係なく形は変わらず、話し言葉でよく使われます。「〜と」にあたる助詞は他に、〈母音で終わる名詞＋**와**／子音で終わる名詞＋**과**〉があり、こちらは話し言葉と書き言葉の両方で使われます。もっとくだけた言い方に〈母音で終わる名詞＋**랑**／子音で終わる名詞＋**이랑**〉がありますが、こちらは公式的な場ではあまり使われません。

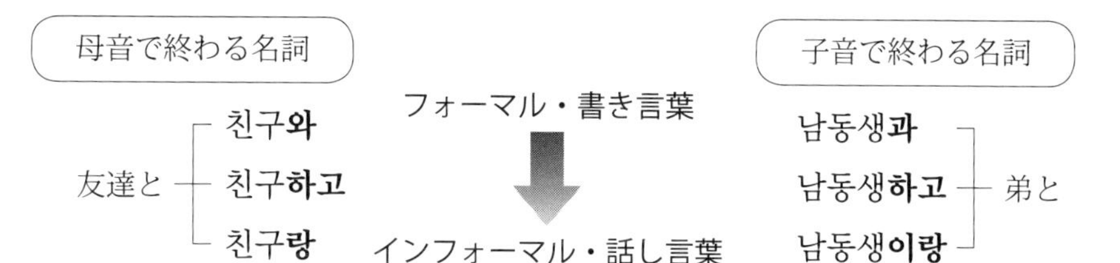

4 名詞 + 에　～に　存在・位置（助詞）

存在の場所や位置を表す名詞につきます。

例 동민 씨는 지금 학교**에** 있어요.（トンミンさんは今学校にいます。）

5 位置を表す言葉

上	下	真下	前	後	右側	左側	横	中	外	間	近所
위	아래	밑	앞	뒤	오른쪽	왼쪽	옆	안	밖	사이	근처

例 가방 안에 핸드폰이 있습니다.　（カバンの中に携帯電話があります。）
　역 근처에 도서관이 있어요.　（駅の近くに図書館があります。）

● 日本語の「～の」に当たる助詞「의」は所有・所属を表しますが、位置を表す言葉の前には日本語と違って「의」は入れません。

☞「의」の発音については文字編第 4 課 p.19 参照。

練習問題

1. 次の指示代名詞を縮約形に直してみましょう。

（1）이것（これ）　⇨　　（2）그것이（それが）⇨
（3）저것은（あれは）⇨　　（4）그것（それ）⇨
（5）그것은（それは）⇨　　（6）저것（あれ）⇨

2. 例のように「～と～があります・います」の文型を使って文を完成してみましょう（文末は해요体）。

例 누나（姉）、여동생（妹）⇨ 누나하고 여동생이 있어요.

（1）오빠（兄）、언니（姉）⇨
（2）지갑（財布）、핸드폰（携帯電話）⇨

（3）누나（姉）、형（兄） ⇨

（4）서점（書店）、식당（食堂） ⇨

3．例のように次の単語を使って、「今日は～がありません」と言ってみましょう（文末は自由）。

例 숙제（宿題） ☞ 오늘은 숙제가 없습니다.
오늘은 숙제가 없어요.

（1）약속（約束） （2）수업（授業） （3）돈（お金） （4）자리（席）

4．位置を表す言葉を書き入れてみましょう。

上	下	真下	前	後	右側	左側	横	中	外	間	近所

5．音声を聞いて、読み上げられた物や人がどこにある（いる）のかイラストに書いてみましょう。

（1） （2） （3） 42

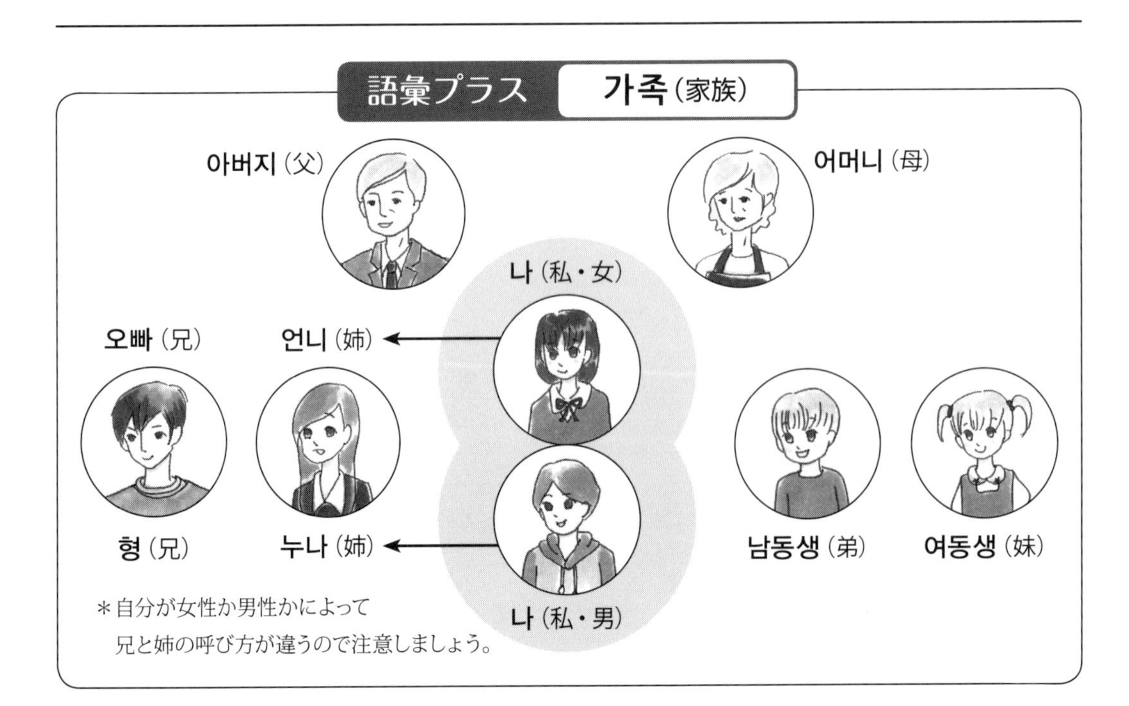

即！ 実践トレーニング

1．音声を聞いて質問に答えなさい。 🔊43

（1）이 사람은 이름이 뭐예요?

（2）이 사람은 학생입니까?

（3）회사는 어디에 있습니까?

（4）이 사람은 누나하고 형이 있습니까?

（5）이 사람은 동생이 있습니까?

2．次の質問に答えてください（文末は自由）。

（1）(　　　　)씨 집 근처에 서점이 있어요？

（2）오늘 약속이 있어요？

（3）언니(누나, 오빠, 형)가(이) 있습니까?

문화방　人を呼ぶときの表現Ⅱ

1．年上の人を呼ぶとき—언니/누나（お姉さん）、오빠/형（お兄さん）

他人を呼ぶときに親しみを込めて家族で使われる呼び名をそのまま使います。年上の親しい人に언니/누나（お姉さん）、오빠/형（お兄さん）と呼ぶのが一般的です。大学のキャンパスでは「언니/누나、오빠/형」などの呼び名がたくさん聞こえてきます。浪人した同級生も自分より年上なら언니/누나、오빠/형と呼び、軍隊から戻り復学した同級生に対しても오빠/형と呼びます。

2．名前や肩書きが分からない人に対して—아저씨（おじさん）、아줌마（おばさん）

日本でおじさんといえば中年の男性に使うイメージがありますが、韓国では軍隊に行ってきた年頃の男性や大学を卒業した年頃の男性に対しても아저씨と呼ぶ場合があります。お店の人やタクシーの運転手さんに呼びかけるときによく使われます。

第4課

토요일은 아르바이트를 합니다.

土曜日はアルバイトをします。

44

学習内容

1 用言語幹 + ㅂ니다/습니다　～です、ます（用言文の합니다体）
2 名詞 + 를/을　～を（助詞）　3 名詞 + 에서　～で　場所（助詞）
4 名詞 + 에　～に　時間（助詞）

동　민 : 다쿠야 씨는 주말에 보통 뭐 합니까?

다쿠야 : 토요일은 편의점에서 아르바이트를 합니다.

동　민 : 일요일에는 뭘 합니까?

다쿠야 : 일요일은 주로 집에서 쉽니다.
그리고 가끔 영화를 봅니다.
동민 씨도 아르바이트를 합니까?

동　민 : 네, 금요일하고 토요일에 아르바이트를 합니다. 그리고 일요일에는 아침에 조깅을 합니다.

東民：琢也さんは週末に普通何しますか。
琢也：土曜日はコンビニでアルバイトをします。
東民：日曜日には何をしますか。
琢也：日曜日は主に家で休みます。
そしてたまに映画を見ます。
トンミンさんもアルバイトをしますか。
東民：はい、金曜日と土曜日にアルバイトをします。
そして日曜日には朝、ジョギングをします。

語句の解説

▶ **주말**：［週末］
▶ **－에**：～に（時間を表す助詞）
▶ **보통**：［普通］、たいてい
▶ **합니까？**：しますか。㊍하다の합니다体
▶ **편의점**：コンビニ〈便宜店〉
▶ **－에서**：～で（場所を表す助詞）
▶ **아르바이트**：アルバイト。話し言葉では縮約形「알바」をよく使います。
▶ **－를**：～を。母音で終わる名詞につきます。
▶ **합니다**：します。㊍하다の합니다体
▶ **뭘**：何を。「무엇을」の縮約形
▶ **주로**：主に、［主－］
▶ **쉽니다**：休みます。㊍쉬다の합니다体
▶ **그리고**：そして
▶ **가끔**：たまに、ときどき
▶ **봅니다**：見ます。㊍보다の합니다体
▶ **아침**：朝
▶ **조깅**：ジョギング
▶ **－을**：～を。子音で終わる名詞につきます。

注意する発音

주말에〔☞ 주마레 〕㊥
일요일은〔☞ 이료이른 〕㊥
쉽니다〔☞ 쉼니다 〕㊵

❖曜日のまとめ❖

월요일［月曜日］　화요일［火曜日］　수요일［水曜日］
목요일［木曜日］　금요일［金曜日］　토요일［土曜日］
일요일［日曜日］　무슨 요일　何曜日

文法・練習問題の単語

🔊45

- **만나다** 会う
- **가다** 行く
- **음악** ［音楽］
- **오다** 来る
- **사다** 買う
- **읽다** 読む
- **커피숍** コーヒーショップ
- **음식** 食べ物〈飲食〉
- **오후** ［午後］
- **만들다** 作る
- **살다** 住む
- **타다** 乗る
- **좋다** 良い
- **멀다** 遠い
- **책** 本〈冊〉
- **마시다** 飲む
- **영화관** ［映画館］
- **스포츠** スポーツ
- **재미있다** 面白い
- **먹다** 食べる
- **버스** バス
- **바쁘다** 忙しい
- **공부하다** 勉強する〈工夫－〉
- **텔레비전** テレビ
- **부엌** 台所
- **한국어** ［韓国語］
- **테니스를 치다** テニスをする

文法

1 用言語幹 + ㅂ니다/습니다　～です、ます（用言文の합니다体）

☞ 韓国語の用言には動詞・形容詞・存在詞・指定詞があります。

가다 行く（動詞）	좋다 良い（形容詞）
있다・없다 いる/ある・いない/ない（存在詞）	이다 ～だ 아니다 ～ではない（指定詞）

☞ 語幹とは？

用言の基本形はすべて「**-다**」で終わりますが、語尾の「**다**」をとった部分を語幹といいます。語幹は語幹末が母音で終わる母音語幹、語幹末がㄹで終わるㄹ語幹、語幹末がㄹ以外の子音で終わる子音語幹の３つに区別されます。

基本形	語幹	語尾
만나다（会う）	만나（母音語幹）	다
만들다（作る）	만들（ㄹ語幹）	다
재미있다（面白い）	재미있（子音語幹）	다

☞ 합니다体の作り方

用言文の합니다体
（かしこまった丁寧形）

用言の叙述形の**합니다**体は、母音語幹のときは「**-ㅂ니다**」を、子音語幹のときは「**-습니다**」をつけます。ㄹ語幹は、語幹末の「ㄹ」が脱落し、「-ㅂ니다」がつきます。

疑問形はそれぞれ「**-ㅂ니까?**」「**-습니까?**」がつきます。

	母音語幹	ㄹ語幹	子音語幹
叙述形	**語幹 + ㅂ니다** 가다（行く） 가 + ㅂ니다 ⇨ 갑니다	**ㄹ脱落語幹 + ㅂ니다** 살다（住む） 사 + ㅂ니다 ⇨ 삽니다	**語幹 + 습니다** 먹다（食べる） 먹 + 습니다 ⇨ 먹습니다
疑問形	**語幹 + ㅂ니까?** 가다（行く） 가 + ㅂ니까? ⇨ 갑니까?	**ㄹ脱落語幹 + ㅂ니까?** 살다（住む） 사 + ㅂ니까? ⇨ 삽니까?	**語幹 + 습니까?** 먹다（食べる） 먹 + 습니까? ⇨ 먹습니까?

2 名詞 + 를/을　~を (助詞)

助詞「～を」を表します。

母音で終わる名詞＋**를**	**子音**で終わる名詞＋**을**
영화**를**　（映画を） 아르바이트**를**（アルバイトを）	음악**을**（音楽を） 조깅**을**（ジョギングを）

「**타다**」（乗る）、「**만나다**」（会う）の前では「**－를/을**」を使うので注意しましょう。

타다　　**버스를 탑니다.**　（バスに乗ります。）

만나다　**친구를 만납니다.**（友達に会います。）

3 名詞 + 에서　~で　場所 (助詞)

動作が行われる場所を表す助詞です。

☞ 場所を表す指示代名詞に助詞「－에서」がつくと縮約できます。

例 학교**에서** 친구를 만납니다.　（学校で友達に会います。）

어디서 공부합니까?　（どこで勉強しますか。）

4 名詞 + 에　~に　時間 (助詞)

時を表す「～に」にあたる助詞で、日時や曜日などの名詞の後につけます。

☞ 時間を表す単語には基本的に「－에」をつけますが、「**어제**」(昨日)、「**오늘**」(今日)、「**내일**」(明日）には「**에**」はつけません。また日本語では午前・午後、朝・昼・夜には「～に」をつけませんが、韓国語では「**에**」をつけるので気をつけましょう。

例 일요일**에** 영화를 봅니다.　（日曜日に映画を見ます。）

아침**에** 뭘 먹습니까?　（朝、何を食べますか。）

練習問題

1. 次の単語の意味を書き、「합니다体」に直してみましょう。

基本形	意味	합니다体	基本形	意味	합니다体
① 오다			⑥ 멀다	遠い	
② 좋다			⑦ 보다		
③ 바쁘다			⑧ 공부하다		
④ 재미있다			⑨ 읽다		
⑤ 사다	買う		⑩ 살다	住む	

사다（買う）の**합니다**体と**살다**（住む）の**합니다**体は同じですが、発音は少々違います。**살다**は長音なので、**삽니다**（住みます）の**삽**の方を少し伸ばして発音します。初級レベルでは発音で聞き分けるのは難しいので、まずは文脈を見て判断しましょう。

2. 次の（　　）の中に助詞「～を」にあたる韓国語を入れてみましょう。

（1）축구（　　）：サッカーを　　（2）책（　　）：本を

（3）텔레비전（　　）：テレビを　　（4）숙제（　　）：宿題を

3. 例にならって「～で　～を　～ます」という文を作ってみましょう。

例 학교 / 공부 / 하다 ⇨ 학교에서 공부를 합니다
（学校で勉強をします）

（1）도서관 / 책 / 읽다 ⇨
（図書館で本を読みます）

（2）커피숍 / 커피 / 마시다 ⇨
（コーヒーショップでコーヒーを飲みます）

（3）집 / 텔레비전 / 보다 ⇨
（家でテレビを見ます）

（4）부엌 / 음식 / 만들다 ⇨
（台所で料理を作ります）

4. A、B、Cに（1）～（4）の言葉を入れて答えてみましょう。

가：일요일에 뭐 합니까?
나：(　　A　　)에서 (　　B　　)를/을 (　　C　　).

（1）A：집　B：책　C：읽다

（2）A：커피숍　B：친구　C：만나다

（3）A：영화관　B：영화　C：보다

（4）A：편의점　B：아르바이트　C：하다

5. 次の文を韓国語に直してみましょう。

（1）土曜日にアルバイトをします。　⇨

（2）午後、約束があります。　⇨

（3）週末、何をしますか。　⇨

（4）朝、勉強をします。　⇨

6. 次の単語を日本語は韓国語に、韓国語は日本語に直してみましょう。

（1）会う
（2）아침
（3）勉強する
（4）재미있다
（5）忙しい
（6）일요일
（7）住む
（8）영화
（9）見る
（10）편의점

語彙プラス 주말·휴일 지내기（週末·休日の過ごし方）

- 여행을 가다 旅行に行く
- 공부를 하다 勉強をする
- 요리를 하다 料理をする
- 빨래를 하다 洗濯をする
- 숙제를 하다 宿題をする
- 늦잠을 자다 寝坊する
- 노래방에 가다 カラオケに行く
- 산책을 하다 散歩をする
- 쇼핑을 하다 ショッピングをする
- 청소를 하다 掃除をする
- 술을 마시다 お酒を飲む
- 테니스를 치다 テニスをする
- 친구를 만나다 友達に会う
- 집에서 쉬다 家で休む

即！実践トレーニング

1．次の文章を読んでみましょう。

저는 토요일에는 주로 집 근처 도서관에서 한국어를 공부합니다. 그리고 오후에는 친구하고 쇼핑을 합니다. 일요일에는 동생하고 스포츠센터에 갑니다. 스포츠센터에서는 테니스를 칩니다. 테니스는 재미있습니다. 그리고 가끔 영화를 봅니다.

2．次の質問に自由に答えてみましょう。

（1）주말에 주로 뭐 합니까？

（2）어디에 삽니까？

（3）무슨 요일에 한국어 수업이 있습니까？

（4）일요일에는 뭐 합니까？

문화방　キムチの歴史と種類

キムチに関する文献を見ると、古くは三国時代から漬けられたことが分かります。高麗時代に入ると仏教を国教としたため肉食が公式に禁止され、野菜中心の生活になり、色々なキムチがたくさん漬けられるようになります。夏と冬に 3 ヶ月間熟成させるキムチが漬けられるのも高麗時代からです。16 世紀になると唐辛子が朝鮮半島に伝わり、キムチにも唐辛子が入り赤色になりました。ちなみにキムチという言葉は、침채（沈菜）の発音が次第に変化し、最終的に김치になったと言われています（침채 → 팀채 → 딤채 → 짐채 → 김채 → 김치）。

キムチは主原料や形によってさまざまな種類があり、約 200 ほどあると言われています。白菜で作るキムチだけでも、常備菜として食べる熟成が進んでいない「생김치（センキムチ）」、浅漬けの「겉절이（コッチョリ）」、冬季に漬ける「김장김치（キムジャンキムチ）」、半年ほど熟成させた「묵은지（ムグンジ）」、水をたくさん入れた「물김치（水キムチ）」などなど、20 以上あります。最近はスーパーにいろいろな種類のキムチが並んでいます。忙しくて漬ける時間がない人、または材料が手に入りにくくて漬けられないという人にはありがたいことですね。白菜、大根、きゅうり以外のほかの材料のキムチも是非食べてみてください。

◉ 韓国料理のいろいろ

비빔밥
（ビビンバ）

해물파전
（海鮮チヂミ）

잡채
（チャプチェ　春雨炒め）

불고기
（プルゴギ　牛肉炒め）

육개장
（ユッケジャン
牛肉の辛味スープ）

떡볶이
（トッポッキ　餅の辛みそ炒め）

김밥
（海苔巻き）

족발
（豚足）

第5課

한국 영화를 좋아해요?

韓国映画が好きですか。

46

学習内容

1 用言語幹 + 아/어요　～です、ます（用言文の해요体）
2 動詞語幹 + (으)러　～しに（目的）

동　민：아야카 씨는 한국 영화를 좋아해요?

아야카：네, 아주 좋아해요.

동　민：그럼, 내일 같이 한국 영화를 보러 가요.

아야카：미안해요. 내일은 약속이 있어요.

동　민：모레는 어때요?

아야카：모레는 괜찮아요.

동　민：그럼, 모레 학교 앞에서 만나요.

아야카：네, 좋아요.

東民：綾香さんは韓国映画が好きですか。
綾香：はい、とても好きです。
東民：では、明日一緒に韓国映画を見に行きましょう。
綾香：ごめんなさい。明日は約束があります。
東民：あさってはどうですか。
綾香：あさっては大丈夫です。
東民：では、あさって学校の前で会いましょう。
綾香：はい、いいですよ。

語句の解説

▶ **좋아해요(?)**：好きです（か）。㊱좋아하다の해요体。
日本語では「～が好きです」と助詞「が」を使いますが、韓国語では助詞（를/을）を使います（－를/을 좋아해요～を好みます）。
▶ **아주**：とても
▶ **내일**：明日〈来日〉
▶ **같이**：一緒に
▶ **보러 가요**：見に行きましょう。「러」は目的を表す語尾。
가요は 基가다の해요体。
해요体は勧誘の意味としても使われます。
▶ **미안해요**：ごめんなさい。基미안하다〈未安－〉の해요体
▶ **모레**：あさって
▶ **어때요?**：どうですか。基어떻다の해요体。
ㅎ不規則用言ですが、まずは丸暗記して使うようにしましょう。
▶ **괜찮아요**：大丈夫です。基괜찮다の해요体
▶ **만나요**：会いましょう。基만나다の해요体
▶ **좋아요**：いいです。基좋다の해요体

注意する発音

한국 영화　①〔☞ 한국녕와 〕ㄴ挿 ㅎ弱　②〔☞ 한궁녕와 〕鼻（ㄴ挿入後、鼻音化）
좋아해요〔☞ 조아해요 〕ㅎ弱　같이〔☞ 가치 〕口
괜찮아요〔☞ 괜차나요 〕ㅎ弱 連

文法・練習問題の単語

🔊47

- **받다** もらう
- **서다** 立つ
- **펴다** 伸ばす
- **주다** あげる、くれる
- **놀다** 遊ぶ
- **가장** 一番、最も
- **백화점** デパート、［百貨店］
- **은행** ［銀行］
- **신주쿠** 新宿
- **디즈니랜드** ディズニーランド
- **얇다*** 薄い
- **보내다** 送る
- **배우다** 習う
- **조용하다** 静かだ
- **비싸다** （値段）高い
- **빵** パン
- **빌리다** 借りる
- **점심** 昼食〈点心〉
- **남자** ［男子］、男
- **입다** 着る
- **세다** 数える
- **되다** なる
- **찾다** 探す、（金を）下ろす
- **기다리다** 待つ
- **선물** プレゼント〈膳物〉
- **수영** ［水泳］
- **먼저** 先に
- **남자 친구** ボーイフレンド

*얇다〔얄따〕と発音する。

用言文の해요体
(うちとけた丁寧形)

1 用言語幹 + 아/어요　～です、ます（用言文の해요体）

第４課で学習した用言の합니다体はかしこまった丁寧形ですが、語幹に－아요/어요がつく해요体はうちとけた感じの丁寧形です。

・語幹末陽母音（ㅏ、ㅑ、ㅗ）＋ 아요

・語幹末陰母音（ㅏ、ㅑ、ㅗ 以外）＋ 어요

ただし母音語幹用言には縮約形・融合形をとるものもあります。疑問形の場合も形は同じですが、最後に？をつけイントネーションをあげます。また、해요体は文脈によって勧誘（～しましょう）や命令（～てください）の意味を表すこともあります。

（１）子音語幹

基本形	語幹	語幹＋아요（陽） 語幹＋어요（陰）	叙述形	疑問形
받다（もらう）	받（陽）	받＋아요	받아요.	받아요?
얇다（薄い）	얇（陽）	얇＋아요	얇아요.	얇아요?
좋다（良い）	좋（陽）	좋＋아요	좋아요.	좋아요?
먹다（食べる）	먹（陰）	먹＋어요	먹어요.	먹어요?
입다（着る）	입（陰）	입＋어요	입어요.	입어요?

（２）母音語幹

① 縮約形

基本形	語幹	語幹＋아요（陽） 語幹＋어요（陰）	叙述形	疑問形
가다（行く）	가（陽）	가＋아요 （ㅏ＋아 →ㅏ）	가요.*	가요?
서다（立つ）	서（陰）	서＋어요 （ㅓ＋어 →ㅓ）	서요.*	서요?
보내다（送る）	보내（陰）	보내＋어요 （ㅐ＋어 →ㅐ）	보내요.	보내요?
세다（数える）	세（陰）	세＋어요 （ㅔ＋어 →ㅔ）	세요.	세요?
펴다（伸ばす）	펴（陰）	펴＋어요 （ㅕ＋어 →ㅕ）	펴요.*	펴요?

＊語幹末の母音が「ㅏ、ㅓ、ㅕ」の場合は縮約形のみ使います。

② 融合形

基本形	語幹	語幹＋아요（陽） 語幹＋어요（陰）	叙述形	疑問形
보다（見る）	보（陽）	보＋아요 （ㅗ＋아 → ㅘ）	봐요.*	봐요?
주다（あげる、くれる）	주（陰）	주＋어요 （ㅜ＋어 → ㅝ）	줘요.*	줘요?
되다（なる）	되（陰）	되＋어요 （ㅚ＋어 → ㅙ）	돼요.*	돼요?
마시다（飲む）	마시（陰）	마시＋어요 （ㅣ＋어 → ㅕ）	마셔요.	마셔요?

*「ㅗ＋아、ㅜ＋어、ㅚ＋어」は融合せずに使うことも可能です。
（ただし、오다（来る）と語幹が우で終わる用言の場合は融合形のみ使われます）

例 보다（見る）　보아요（○）　봐요（○）
주다（あげる、くれる）　주어요（○）　줘요（○）
되다（なる）　되어요（○）　돼요（○）
오다（来る）　오아요（×）　와요（○）
배우다（習う）　배우어요（×）　배워요（○）

（3）－하다　用言

基本形が하다および －하다がつく用言には語幹に －여요つけますが、「하 ＋ 여 → 해」と融合し「－해요」になります。

基本形	語幹	語幹＋아요	叙述形	疑問形
공부하다（勉強する）	공부하	공부하＋여요	공부해요.	공부해요?
조용하다（静かだ）	조용하	조용하＋여요	조용해요.	조용해요?

2 動詞語幹 ＋ (으)러　～しに（動作の目的）

・母音語幹　＋ **러**　사다（買う）　사＋러　→ 사**러**
・ㄹ語幹　＋ **러**　만들다（作る）　만들＋러　→ 만들**러**
・子音語幹　＋ **으러**　찾다（探す）　찾＋으러　→ 찾**으러**

後ろに가다（行く）、오다（来る）が続くことが多いです。

例 보다（見る・母音語幹）　**보러** 가요.（見に行きます。）
놀다（遊ぶ・ㄹ語幹）　**놀러** 와요.（遊びに来ます。）
받다（受け取る・子音語幹）　**받으러** 가요.（受け取りに行きます。）

練習問題

1．次の単語の意味を書き、「해요体」に直してみましょう。

基本形	意味	해요体	基本形	意味	해요体
① 좋다			⑨ 괜찮다		
② 먹다			⑩ 기다리다		
③ 오다			⑪ 살다		
④ 가다			⑫ 만나다		
⑤ 마시다			⑬공부하다		
⑥ 배우다			⑭ 재미있다		
⑦ 비싸다			⑮ 보내다		
⑧ 읽다			⑯ 사다		

2．例のように（　　　）の用言を、「해요体」に直して訳してみましょう。

例 가방이 **비쌉니다**.（基本形：비싸다）
⇨ 가방이 비싸요.（カバンが高いです）

（1）김치찌개를 가장 **좋아합니다**.（基本形：좋아하다）
⇨ .（　）

（2）언니하고 영화를 **봅니다**.　（基本形：보다）
⇨ .（　）

（3）친구를 **기다립니다**.　（基本形：기다리다）
⇨ .（　）

（4）현숙 씨는 서울에 **삽니다**.　（基本形：살다）
⇨ .（　）

（5）아침에는 주로 빵을 **먹습니다**.（基本形：먹다）
⇨ .（　）

3．例にならって「-(으) 러 가다」を使って会話してみましょう (文末해요体)。

例 선물을 사다 / 백화점에 가다
어디에 가요？
⇨ 선물을 사러 백화점에 가요．
（プレゼントを買いにデパートに行きます）

（1） 책을 빌리다 / 도서관에 가다
⇨
（本を借りに図書館に行きます）

（2） 수영을 하다 / 스포츠센터에 가다
⇨
（水泳をしにスポーツセンターに行きます）

（3） 돈을 찾다 / 은행에 가다
⇨
（お金を下ろしに銀行に行きます）

（4） 점심을 먹다 / 식당에 가다
⇨
（昼食を食べに食堂に行きます）

4．次の文を日本語に訳してみましょう。

（1）그럼 모레 같이 한국 음식을 먹으러 가요.
⇨
（2）오늘 시간 있어요?
⇨
（3）이거, 어때요?
⇨
（4）먼저 먹읍시다.
⇨
（5）주말에 같이 놀러 갑시다.
⇨

勧誘表現には他に「-(으)ㅂ시다」（～しましょう）があります。
・母音語幹 ＋ㅂ시다
・ㄹ語幹（ㄹ脱落して） ＋ㅂ시다
・子音語幹 ＋읍시다

即！ 実践トレーニング

1．左側の「합니다体」の文を「해요体」の文に変え、声に出して読んでみましょう。

오늘은 친구하고 한국 음식을 먹으러 갑니다. 저는 한국 음식을 아주 좋아합니다. 그 친구는 한국 사람입니다. 내일은 오후에 신주쿠에서 아르바이트가 있습니다. 아르바이트는 재미있습니다. 모레는 남자 친구하고 디즈니랜드에 놀러 갑니다.	

2．次の質問に答えてみましょう（文末해요体）。

（1）주말에 주로 뭐 해요?

（2）어디에 살아요?

（3）한국 음식은 뭘 가장 좋아해요?

（4）아침에는 주로 뭘 먹어요?

慶尚北道の安東（안동）にある河回村（하회마을）のお祭り

ワークシート 합니다体と해요体

基本形	意味	-ㅂ니다/습니다（합니다体）	-아요/어요（해요体）
① 좋다	良い		
② 먹다	食べる		
③ 많다	多い		
④ 다니다	通う		
⑤ 없다	ない、いない		
⑥ 괜찮다	大丈夫だ		
⑦ 만들다	作る		
⑧ 멀다	遠い		
⑨ 살다	住む		
⑩ 맛있다	おいしい		
⑪ 사랑하다	愛する		
⑫ 오다	来る		
⑬ 마시다	飲む		
⑭ 서다	立つ		
⑮ 좋아하다	好きだ		
⑯ 배우다	習う		
⑰ 공부하다	勉強する		
⑱ 기다리다	待つ		
⑲ 보내다	送る		
⑳ 놀다	遊ぶ		
㉑ 자다	寝る		
㉒ 일어나다	起きる		
㉓ 힘들다	大変だ		
㉔ 웃다	笑う		

第6課

별로 안 멀어요.

あまり遠くありません。

🔊 48

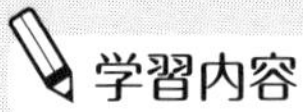

1 안 + 用言、用言語幹 + 지 않다　～ない（用言文の否定形）
2 名詞 + 보다　～より　比較（助詞）
3 名詞 + (으)로　～で、～へ　手段、方法、方向（助詞）
4 名詞 + 에서 名詞 + 까지　～から～まで 場所の起点と到着点（助詞）

동　민 : 이번 연휴에 대전에 친구하고 놀러 가요.

아야카 : 대전까지 어떻게 가요?

동　민 : KTX로 가요.

아야카 : 서울에서 대전까지 멀어요?

동　민 : 아뇨, 별로 안 멀어요.

아야카 : 교통비는 비싸요?

동　민 : 아뇨, 그렇게 비싸지 않아요.
하지만 버스보다는 비싸요.

東民：今度の連休に大田に友達と遊びに行きます。
綾香：大田までどうやって行きますか。
東民：KTXで行きます。
綾香：ソウルから大田まで遠いですか。
東民：いいえ、あまり遠くありません。
綾香：交通費は高いですか。
東民：いいえ、それほど高くありません。しかしバスよりは高いです。

語句の解説

- ▶ **이번**：今度、今回
- ▶ **연휴**：［連休］
- ▶ **대전**：［大田］（地名）
- ▶ **−에서 −까지**：〜から〜まで（場所の場合）
- ▶ **어떻게**：どうやって
- ▶ **KTX**：〔케이티엑스〕韓国の高速列車。日本の新幹線（신칸센）のような列車
- ▶ **−로**：〜で。手段を表します。母音で終わる名詞につけます。
- ▶ **멀어요?**：遠いですか。㊍멀다
- ▶ **별로**：あまり、さほど〈別−〉
- ▶ **안 멀어요?**：遠くありませんか。안＋用言（用言文の否定形（1））
- ▶ **교통비**：［交通費］
- ▶ **비싸요(?)**：（値段が）高いです（か）。㊍비싸다 ↔ 싸다（安い）
- ▶ **그렇게**：それほど、そのように
- ▶ **비싸지 않아요**：高くありません。語幹＋지 않다（用言文の否定形（2））。
  비싸＋지 않아요（〜くありません）
- ▶ **하지만**：しかし、けれども
- ▶ **−보다는**：〜よりは

注意する発音

연휴〔☞ 여뉴〕ㅎ弱 連　　어떻게〔☞ 어떠케〕激　　그렇게〔☞ 그러케〕激

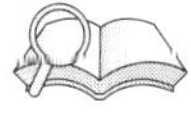

文法・練習問題の単語　🔊49

- **연습하다**［練習］する
- **적다** 少ない
- **요즘** この頃、最近
- **재미없다** 面白くない
- **홋카이도** 北海道
- **전철** 電車〈電鉄〉
- **비행기**［飛行機］
- **이메일** Eメール
- **뉴스** ニュース
- **출발하다**［出発］する
- **택시** タクシー
- **중요하다**［重要］だ
- **일** 仕事
- **맛있다** おいしい
- **덥다** 暑い
- **빠르다** 速い
- **자전거**［自転車］
- **연락하다**［連絡］する
- **휴가**［休暇］
- **부산**［釜山］（地名）
- **유명하다**［有名］だ
- **매일**［毎日］
- **맛없다*** おいしくない
- **춥다** 寒い
- **따뜻하다** 暖かい
- **다니다** 通う
- **인터넷** インターネット
- **유럽** ヨーロッパ

*맛없다〔마덥따〕と発音する。

文法

1 안 + 用言、用言語幹 + 지 않다　～ない（用言文の否定形）

用言文の否定は（1）用言の前に「안」をつける方法と、（2）用言語幹に「－지 않다」をつける2つの方法があります。（1）は話し言葉でよく使われます。

（1）안 + 用言

基本形	안+用言	합니다体	해요体
사다 （買う）	**안** 사다 買わない	**안** 삽니다 買いません	**안** 사요 買いません
유명하다 （有名だ）	**안** 유명하다 有名ではない	**안** 유명합니다 有名ではありません	**안** 유명해요 有名ではありません
연습하다 （練習する）	연습 **안** 하다 練習しない	연습 **안** 합니다 練習しません	연습 **안** 해요 練習しません

하다動詞の中で、「名詞+**하다**」の形で、「名詞をする」というように名詞の後に助詞「を」を入れることが可能な動詞の場合は「안」を名詞の前につけるのではなく「**하다**」の前に入れるので注意しましょう。**하다**形容詞は「안」を前につけます。

（2）用言語幹 + 지 않다

基本形	語幹+지 않다	語幹+지 않습니다 （합니다体）	語幹+지 않아요 （해요体）
가다 （行く）	가**지 않다** 行かない	가**지 않습니다** 行きません	가**지 않아요** 行きません
공부하다 （勉強する）	공부하**지 않다** 勉強しない	공부하**지 않습니다** 勉強しません	공부하**지 않아요** 勉強しません

2 名詞 + 보다　～より　比較（助詞）

例 도쿄는 서울**보다** 따뜻해요.（東京はソウルより暖かいです。）

3 名詞 + (으)로　～で、～へ　手段、方法、方向、選択・決定（助詞）

「－(으)로」は「手段、方法」と「方向」、「選択・決定」を表す助詞です。母音で終わる名詞と終声ㄹで終わる名詞には「로」を、子音で終わる名詞には「으로」をつけます。

☞「選択・決定」の場合は日本語の「～に」で訳される場合が多いです。

・母音で終わる名詞	＋**로**	택시**로**	タクシーで（手段）
・終声ㄹで終わる名詞	＋**로**	메일**로**	メールで（方法）
・子音で終わる名詞	＋**으로**	오른쪽**으로**	右へ（方向）

例 택시**로** 가요.（タクシーで行きます）

선물**로** 뭐가 좋아요?（プレゼントに何がいいですか。）

4 名詞＋에서 名詞＋까지　～から ～まで　場所の起点と到着点（助詞）

例 집**에서** 학교**까지**（家から学校まで）

서울**에서** 부산**까지**（ソウルから釜山まで）

練習問題

1．次の用言の意味を書き、２つの否定形に直してみましょう。

基本形	意味	안＋用言（합니다体）	안＋用言（해요体）	語幹＋지 않다（합니다体）
① 오다	来る	안 옵니다	안 와요	오지 않습니다
② 많다				
③ 적다				
④ 멀다				
⑤ 중요하다				
⑥ 공부하다				
⑦ 좋아하다				
⑧ 싸다				
⑨ 비싸다				
⑩ 살다				
⑪ 타다				
⑫ 유명하다				

2．例のように「안～」用いて会話文を完成してみましょう。

例 가：내일도 여기에 와요?

나：아뇨, 내일은 여기에 안 와요.

（1）가 : 이 가방 비싸요?

나 : 아뇨,

（2）가 : 요즘 회사 일이 많아요?

나 : 아뇨,

（3）가 : 매일 공부해요?

나 : 아뇨,

（4）가 : 이 영화는 재미있어요?

나 : 아뇨, 별로

存在詞**있다**の否定は**없다**です。**있다**がつく複合語も同じです。

맛있다（おいしい）⇔ **맛없다**（おいしくない）

3. 例 のように「−보다 −지 않습니다」用いて会話文を完成してみましょう。

例 가 : 홋카이도는 서울보다 덥습니까?（基本形 : 덥다）

나 : 아뇨, 홋카이도는 서울보다 덥지 않습니다.

（1）가 : 도쿄는 서울보다 춥습니까?（基本形 : 춥다）

나 : 아뇨,

（2）가 : 버스는 전철보다 빠릅니까?（基本形 : 빠르다）

나 : 아뇨,

（3）가 : 서울은 부산보다 따뜻합니까?（基本形 : 따뜻하다）

나 : 아뇨,

（4）가 : KTX는 비행기보다 비쌉니까?（基本形 : 비싸다）

나 : 아뇨,

4. 例 のように与えられた単語を使って文を完成してみましょう（文末は해요体）。

例 자전거 / 가다 ⇨ 자전거로 가요.

（自転車で行きます）

（1）버스 / 다니다

⇨

（バスで通います）

（2）이메일 / 연락하다

⇨

（Eメールで連絡します）

（3）인터넷 / 뉴스를 보다

⇨

（インターネットでニュースを見ます）

（4）이번 휴가 / 유럽 / 가다

⇨

（今度の休暇はヨーロッパへ行きます）

（5）내일 / 서울 / 출발하다

⇨

（明日ソウルへ出発します）

5．A、Bに言葉を入れ替えて言ってみましょう。

（ A ）에서 （ B ）까지 멀어요.

（1）A：집　B：학교　（2）A：집　B：회사

（3）A：서울　B：도쿄　（4）A：여기　B：거기

即！ 実践トレーニング

※ 次の文を韓国語で書いて言ってみましょう。

（1）交通費はあまり高くありません。（안を用いて、文末は해요体）

⇨

（2）家から学校まで遠いです。（文末は해요体）

⇨

（3）東京から大阪まで新幹線で行きます。（文末は합니다体）

⇨

（4）釜山はソウルより寒くありません。（-지 않다を用いて、文末は합니다体）

⇨

第7課

생일이 언제예요?

誕生日はいつですか。

🔊 50

学習内容

1 漢数詞
2 用言語幹＋지요？　～ですよね？（同意、確認をする時）
3 用言語幹＋네요　～ですね、～ますね（感嘆や驚き）

아야카 : 지애 씨, 오늘이 생일이지요?
　　　　생일 축하해요.
지　애 : 어머, 고마워요.
아야카 : 이거 선물이에요. 귀걸이예요.
지　애 : 정말 예쁘네요.
　　　　아야카 씨는 생일이 언제예요?
아야카 : 제 생일은 시월 구 일이에요.
지　애 : 한글날이네요!

綾香：チエさん、今日が誕生日でしょう。お誕生日おめでとうございます。
智愛：あら、ありがとうございます。
綾香：これ、プレゼントです。ピアスです。
智愛：とてもかわいいですね。綾香さんは、誕生日はいつですか。
綾香：私の誕生日は 10 月 9 日です。
智愛：ハングルの日ですね！

語句の解説

▶ **생일이지요?**：誕生日でしょう。 생일이다は誕生日だ。
생일이＋지요?（～ですよね、確認・同意）

▶ **축하해요**：おめでとうございます。㊲축하하다［祝賀－］

▶ **어머**：あら、まあ

▶ **귀걸이**：イヤリング、ピアス

▶ **정말**：本当に、とても。「本当」という名詞としても使われます。
정말이에요. 本当です

▶ **예쁘네요**：かわいいですね。㊲예쁘다
예쁘＋네요（～ですね、感嘆・詠嘆）

▶ **언제**：いつ

▶ **시월**：10［月］。月は漢数詞で数えます。10の漢数詞は십ですが、10月の場合は십월ではなく、시월となります。

▶ **구 일**：9［日］。구は9の漢数詞。일は日。日にちは漢数詞で数えます。

▶ **한글날**：ハングルの日

注意する発音

축하해요〔☞ 추카해요〕㊷　　　한글날이네요〔☞ 한글라리네요〕㊸㊹

❖ ハッピーバースデーの歌 ❖

생일 축하합니다　생일 축하합니다　사랑하는 ○○○　생일 축하합니다
（愛する○○（名前））

文法・練習問題の単語

🔊51

- **－년** ～［年］
- **－원** ～ウォン
- **－학년** ～年生〈－学年〉
- **전화**［電話］
- **얼마** いくら
- **시디** ＣＤ
- **시험**［試験］
- **조금** 少し
- **머리** 頭
- **－년생** ～年生まれ〈－年生〉
- **－엔** ～円
- **몇 월** 何［月］
- **번호**［番号］
- **어렵다** 難しい
- **목걸이** ネックレス
- **학비**［学費］
- **여자**［女子］、女
- **길다** 長い
- **－분** ～［分］
- **－층** ～階〈－層〉
- **며칠** 何日
- **몇 번** 何［番］
- **연말**［年末］
- **시계**［時計］
- **드라마** ドラマ
- **여자 친구** ガールフレンド
- **발음**［発音］

文法

1 漢数詞

韓国語には漢字語系の漢数詞と固有語系の固有数詞の２種類の数え方があります。ここではまず漢数詞を勉強します。漢数詞は日本語の「いち、に、さん…」にあたり、発音や使い方がよく似ています。

52

1	2	3	4	5	6	7	8	9	10
일	이	삼	사	오	육	칠	팔	구	십
11	12	13	14	15	16	17	18	19	20
십일	십이	십삼	십사	십오	십육	십칠	십팔	십구	이십
〔시빌〕	〔시비〕	〔십쌈〕	〔십싸〕	〔시보〕	〔심뉵〕			〔십꾸〕	

- 십육の発音に注意しましょう。십육 ⇨〔심뉵〕ㄴ挿 鼻
- 칠십〔칠씹〕（70)、팔십〔팔씹〕（80）の発音に注意しましょう。濃

ゼロ	百	千	万	億	兆
공・영	백	천	만	억	조

- 数字「０」には「공［空]、영［零]」の２つの言い方がありますが、電話番号のときは主に공を使います。

漢数詞の後につく助数詞

漢数詞はお金の額や電話番号、年月日などを言う時に使います。何を数えるかによって漢数詞を使うか、固有数詞を使うかが決まっているので、助数詞とともに覚えましょう。

◆…년　～年　이천십칠 **년**（2017 年）
◆…년생　～年生まれ　구십팔 **년생**（「구팔 년생」とも言います。98 年生）
◆…일　～日　십육 **일**（16 日）
◆…분　～分　십 **분**（10 分）
◆…원　～ウォン　만오천 **원**（1 万 5000 ウォン）
◆…엔　～円　만 **엔**（1 万円）
◆…층　～階　삼 **층**（3 階）
◆…학년　～年生　일 **학년**（１年生）（학년は〔항년〕と発音します。鼻）

「1 万」は通常「일」を省略して「만」と言います。ほかは日本語と同じです。

● 月の数え方　몇 월 며칠이에요?（何月何日ですか）

1月	2月	3月	4月	5月	6月	7月	8月	9月	10月	11月	12月
일월	이월	삼월	사월	오월	유월	칠월	팔월	구월	시월	십일월	십이월

- 6月と10月は形が変わるので注意してください。
- 십일월〔시비뤌〕（11月）、십이월〔시비월〕（12月）は発音に注意しましょう。
- 몇 월（何月）は〔며둴〕と発音されます。
- 何日は「며칠」と書くので注意しましょう。

● 電話番号の言い方　전화번호가 몇 번이에요?（電話番号は何番ですか）

- 電話番号の「－（～の）」にあたる部分は「의」と書き、「에」と発音します。

090 － 2457 － 6913 이에요.

（공구공의 [에] 이사오칠의 [에] 육구일삼）

2 用言語幹 ＋ 지요?　～ですよね?　（同意を求めたり、確認をする時）

同意を求めたり、確認をしたりする場合に用い、疑問詞とともに使われると柔らかい疑問表現になります。文末に「?」をつけイントネーションを上げます。「지요」を縮約した形は「죠」。指定詞「－이다」は語幹に「지요」がつき「－이지요」になります。ただ母音で終わる名詞は「이」が省略されます。

・語幹	＋ **지요**	예쁘다（かわいい）	예쁘＋지요?	→ 예쁘**지요?**
・母音で終わる名詞	＋ **지요**	얼마（いくら）	얼마＋ 지요?	→ 얼마**지요?**
・子音で終わる名詞	＋ **이지요**	생일（誕生日）	생일＋이지요?	→ 생일**이지요?**

3 用言語幹 ＋ 네요　～ですね、ますね　（感嘆や驚き）

用言の語幹につき、感嘆や驚きを表します。ただし、ㄹ語幹は「ㄹ」が脱落します。指定詞「－이다」は語幹に「네요」がつき「－이네요」になります。ただ母音で終わる名詞は「이」が省略されます。

・語幹	＋ **네요**	어렵다（難しい）	어렵＋네요	→ 어렵**네요**
・ㄹ語幹（ㄹ脱落）	＋ **네요**	멀다（遠い）	머＋네요	→ 머**네요**
・母音で終わる名詞	＋ **네요**	시계（時計）	시계＋네요	→ 시계**네요**
・子音で終わる名詞	＋ **이네요**	연말（年末）	연말＋이네요	→ 연말**이네요**

練習問題

1．次の漢数詞をハングルで書いてみましょう。

1	2	3	4	5	6	7	8	9	10

2．次の漢数詞をハングルで書いて言ってみましょう。

（1）12 ⇨　　（2）26 ⇨

（3）105 ⇨　　（4）260 ⇨

（5）1700 ⇨　　（6）13000 ⇨

3．絵を見て（　　　）にあてはまる語句を入れて会話をしてみましょう。

가：이（　A　）얼마예요?
나：（　B　）원이에요.

（1）

（2）

（3）

（4）

	(1)	(2)	(3)	(4)
A：	CD	목걸이	가방	시계
B：	16,000	284,000	79,500	1,550,000

4．A、B、Cに与えられた語句を入れて会話を完成してみましょう。

가：（　A　）가 / 이（　B　）예요 / 이에요？
나：（　C　）예요 / 이에요．

	A	B	C
（1）	생일	언제	10월 27일

（2）시험	언제	7월 16일
（3）전화번호	몇 번	090-2576-9842
（4）학비	얼마	700,000엔

5．次の数字の部分と助数詞をハングルで書いて読んでみましょう。

（1）３６５日　⇨

（2）１５０００ウォン　⇨

（3）２０１７年6月１７日　⇨

（4）９９年生まれ　⇨

（5）１年生　⇨

（6）６３階　⇨

（7）０９０－２５６３－４７１８　⇨

6．例のように与えられた単語を使って、同意・確認・柔らかい疑問表現に直してみましょう。

> 例 내일이 생일이다　가 : 내일이 생일이지요?
> （明日が誕生日だ）　나 : 네, 생일이에요.

（1）이 집 음식이 맛있다　가 :　?
（この店の料理がおいしい）　나 : 네, 맛있어요.

（2）이거 얼마이다　가 :　?
（これいくらだ）　나 : 이만 원이에요.

（3）학생이다　가 :　?
（学生だ）　나 : 네, 학생이에요.

（4）그 드라마 재미있다　가 :　?
（そのドラマおもしろい）　나 : 네, 정말 재미있어요.

7．次の文章を驚きや感嘆を表す文末「－네요」に直して訳してみましょう。

（1）김치찌개가 정말 맛있다　⇨
（訳：　）

（2）오늘은 날씨가 덥다　⇨
（訳：　）

（3）조금 비싸다 ⇨

（訳： ）

（4）여자 친구는 머리가 길다 ⇨

（訳： ）

（5）한국어는 발음이 어렵다 ⇨

（訳： ）

（6）오늘이 한글날이다 ⇨

（訳： ）

即！ 実践トレーニング

1．音声を聞いて日付、金額、電話番号を書き取りましょう。 🔊53

（1）

（2）

（3）

（4）

（5）

（6）

（7）

（8）

2．次の質問に答えてみましょう。

（1）○○씨는 생일이 언제예요? ⇨

（2）○○씨는 몇 년생이에요? ⇨

（3）○○씨는 몇 학년이에요? ⇨

（4）핸드폰 번호가 몇 번이에요? ⇨

（5）한국어 공부는 재미있지요? ⇨

문화방　お誕生日の朝は미역국（わかめスープ）

韓国では誕生日を迎えた人のために、その日の朝に、わかめスープを作ってあげる習慣があります。それは母親が産後、栄養をたっぷりとって体力を回復させ赤ちゃんに授乳ができるようにわかめスープを３週間ほど飲むことからきた習慣だと言われています。誕生日の朝、作ってもらったわかめスープを飲むことで、生んでくれた母への感謝の気持ちを忘れないようにするということです。朝はわかめスープ、夜はケーキで祝うのが一般的です。

一方、わかめスープは大事な試験がある日の朝には、飲まない人が多いです。それはわかめがつるつるしていて「滑る」ため、試験に落ちることを連想させるからだと言われています。

語彙プラス　띠（干支）

年齢を聞くときに直接何歳ですかと聞くより、「몇 년생이에요？（何年生まれですか）」または「무슨 띠예요？（干支は何ですか）」と質問することが多いです。

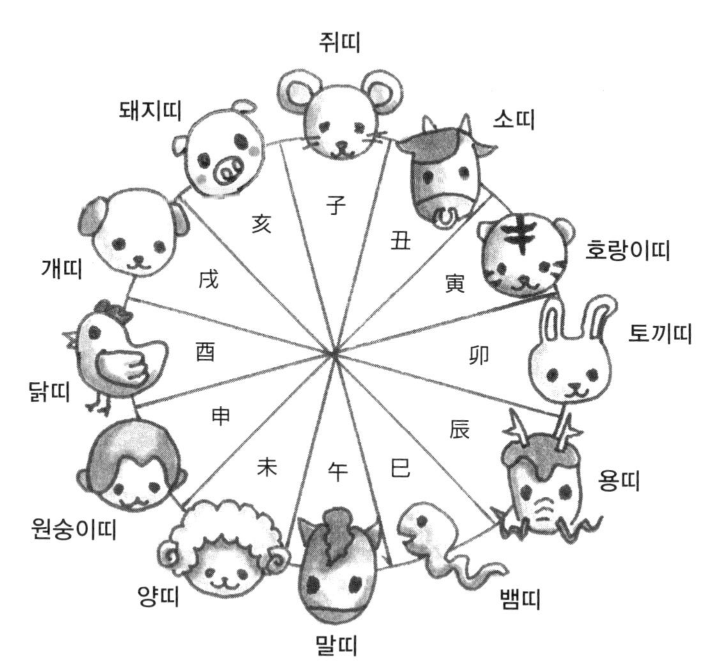

가：**무슨 띠예요?**
（干支は何ですか）

나：**돼지띠예요.**
（亥年です）

※ 亥年を韓国では돼지띠（ぶた年）と言います。

第8課

일곱 시부터 아홉 시까지예요.

7時から9時までです。

54

学習内容

1 固有数詞
2 名詞＋부터 名詞＋까지 ～から ～まで　時間や順番の始まりと終わり（助詞）
3 -요/이요(?)　～です（か）（丁寧表現）

동　민 : 아야카 씨, 이번 주 토요일 저녁에 시간 있어요?

아야카 : 왜요?

동　민 : 콘서트 티켓이 두 장 있어요. 같이 가요.

아야카 : 네, 좋아요. 그런데 콘서트는 몇 시부터 몇 시까지예요?

동　민 : 일곱 시부터 아홉 시까지예요.

아야카 : 콘서트 장소는 어디예요?

동　민 : 잠실이에요.

아야카 : 그럼, 여섯 시 반에 잠실역 앞에서 만나요.

東民：綾香さん、今週の土曜日の夕方時間ありますか。
綾香：なぜですか。
東民：コンサートのチケットが２枚あります。一緒に行きましょう。
綾香：はい、いいです。ところで、コンサートは何時から何時までですか。
東民：７時から９時までです。
綾香：コンサートの場所はどこですか。
東民：蚕室（チャムシル）です。
綾香：では、６時半に蚕室駅の前で会いましょう。

語句の解説

▶ **이번 주**：今週
▶ **저녁**：夕方
▶ **왜요？**：なぜですか。왜はなぜ、−요は丁寧な終結語尾です。
▶ **콘서트**：コンサート
▶ **티켓**：チケット
▶ **두 장**：2枚〈張〉。장は紙などを数える助数詞「枚」で、固有数詞につきます。
▶ **그런데**：ところで
▶ **몇 시**：何［時］。몇は不定な数量を漠然と表わす語。幾、何
▶ **−부터 −까지**：～から～まで（時間の始まりと終わり）
▶ **일곱 시**：7［時］（時間は固有数詞で数えます）
▶ **아홉 시**：9［時］
▶ **장소**：［場所］
▶ **잠실**：［蚕室］（チャムシル）。地名。ソウルの東南部に位置
▶ **여섯 시**：6［時］
▶ **반**：［半］

注意する発音

몇 시〔☞ 멷 씨〕㉹
잠실역 ①〔☞ 잠실녁〕ㄴ挿　②〔☞ 잠실력〕㊒（ㄴ挿入後、流音化）
앞에서〔☞ 아페서〕㊤

文法・練習問題の単語

🔊55

- **−개** ～［個］
- **−명** ～［名］
- **−병** ～本〈瓶〉
- **아들** 息子
- **콜라** コーラ
- **일어나다** 起きる
- **자다** 寝る
- **딸** 娘
- **얼마나** どれぐらい
- **−살** ～歳
- **−권** ～冊〈巻〉
- **−마리** ～匹
- **사과** りんご〈沙果〉
- **가족**［家族］
- **오전**［午前］
- **공항**［空港］
- **우리** 私たち、私たちの
- **−번** ～回〈番〉
- **−잔** ～杯〈盞〉
- **−대** ～［台］
- **사진**［写真］
- **강아지** 子犬
- **샤워** シャワー
- **걸리다** かかる
- **대학교** 大学、［大学校］

文法

1 固有数詞

固有数詞は日本語の「ひとつ、ふたつ、…」にあたる数詞で、99まで数えられます。100以上は漢数詞で数えます。1～4、20は助数詞がつくと形が変わるので注意しましょう。

56

1	2	3	4	5	6	7	8	9	10
하나	둘	셋	넷	다섯	여섯	일곱	여덟	아홉	열
							〔여덜〕		

11	12	13	14	15	16	17	18	19
열하나	열둘	열셋	열넷	열다섯	열여섯	열일곱	열여덟	열아홉
〔여라나〕	〔열뚤〕	〔열쎋〕	〔열렏〕	〔열따섣〕	〔열려섣〕	〔여릴곱〕	〔열려덜〕	〔여라홉〕

＊11以降は発音に注意しましょう。

＊17は〔열릴곱〕とも発音されます。

20	30	40	50	60	70	80	90
스물	서른	마흔	쉰	예순	일흔	여든	아흔

● 助数詞の前で形が変わる数詞（固有数詞の連体形）

	1	2	3	4	20
基本形	하나	둘	셋	넷	스물
連体形	한	두	세	네	스무

● 固有数詞の後につく助数詞

◆…**개**　～個　스물세 **개**（23個）

◆…**살**　～歳　열아홉 **살**（19歳）

◆…**시**　～時　열한 **시**（11時）

◆…**번**　～回、～度　두 **번**（2回）

◆…**명(사람)**　～名（人）　세 **명**（3名）

◆…**권**　～冊　열 **권**（10冊）

◆…**잔**　～杯　한 **잔**（1杯）

◆…**장**　～枚　스무 **장**（20枚）

連体形は助数詞前の数詞のみ変る。
23個—스물세 개（○）
스무세 개（×）

◆…**병**　　～本［瓶］　네 **병**（4本）
◆…**마리**　　～匹 / 頭　두 **마리**（2匹）
◆…**대**　　～台　한 **대**（1台）

● 時刻の言い方 ➡ 時は固有数詞、分は漢数詞

☆4時　20分　　네 시 이십 분
☆12時　15分　　열두 시 십오 분

2 名詞 + 부터 名詞 + 까지　～から ～まで　時間や順番の始まりと終わり（助詞）

例 아침**부터** 저녁**까지**　（朝から夕方まで）
　두 시**부터** 네 시**까지**　（2時から4時まで）
☞ 第6課で学習した場所の「～から、～まで（-에서 -까지）」と違うので注意
例 집**에서** 역**까지**　（家から駅まで）

3 -요/이요(?)　～です（か）（丁寧表現）

名詞、副詞、助詞、語尾などの後ろに終結語尾 **-요/이요**をつけると、丁寧な表現になります。母音で終わる名詞には**요**を、子音で終わる名詞には**이요**をつけますが、**이**を省略して使うことも可能です。副詞や助詞、語尾には母音、子音終わりに関係なく**요**をつけます。同じ言葉を繰り返さず省略するときなどに使います。疑問文の場合は反復を省略し聞き返す時に使います。

話し言葉で使用
・母音で終わる名詞 + **요**
・子音で終わる名詞 + **이요**
・助詞 / 副詞 / 語尾 + **요**

例 왜**요**?　（なぜですか。）
　아들**이요**? / 아들**요**?　（息子ですか。）
　저는 주로 영화를 봐요. 마오 씨는**요**?　（私は主に映画を見ます。真央さんは。）

　가：오늘 약속이 있어요.　（今日約束があります。）
　나：누구하고**요**?　（誰とですか。）

練習問題

1．次の固有数詞をハングルで書いてみましょう。

ひとつ 1	ふたつ 2	みっつ 3	よっつ 4	いつつ 5	むっつ 6	ななつ 7	やっつ 8	ここのつ 9	とお 10

2．絵を見て、いくつあるのか助数詞に注意しながら言ってみましょう。

（1）

사과

（2）

커피

（3）

사진

（4）

콜라

（5）

가족

（6）

강아지

3．絵を見て、例のように言ってみましょう。

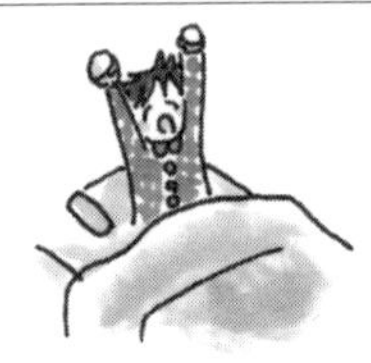

6:30

(일어나다)

⇨ 여섯 시 삼십 분에 일어나요.

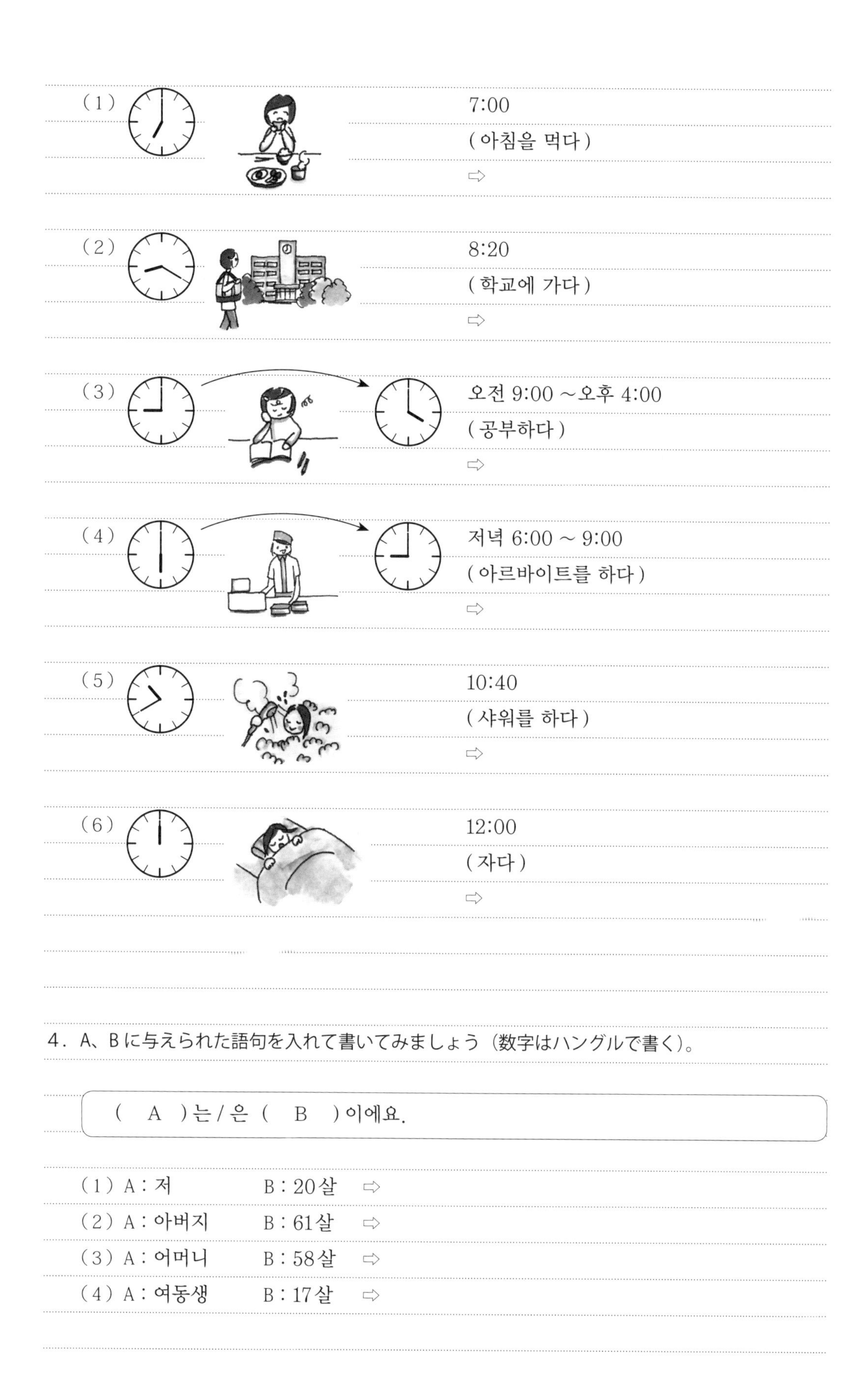

(1) 7:00
(아침을 먹다)
⇨

(2) 8:20
(학교에 가다)
⇨

(3) 오전 9:00 ～오후 4:00
(공부하다)
⇨

(4) 저녁 6:00 ～ 9:00
(아르바이트를 하다)
⇨

(5) 10:40
(샤워를 하다)
⇨

(6) 12:00
(자다)
⇨

4．A、Bに与えられた語句を入れて書いてみましょう（数字はハングルで書く）。

(A) 는 / 은 (B) 이에요.

(1) A：저 B：20살 ⇨
(2) A：아버지 B：61살 ⇨
(3) A：어머니 B：58살 ⇨
(4) A：여동생 B：17살 ⇨

5．次の文の（　　　）に日本語文と同じ意味になるよう、例の中から適当な助詞を選んで書き入れましょう。

例 −에서　　　−부터　　　−까지

（1）집 (　　) 공항 (　　) 두 시간 걸려요.
（家から空港まで２時間かかります）

（2）오늘 (　　) 모레 (　　) 쉽니다.
（今日から明後日まで休みます）

（3）친구가 내일 일본 (　　) 와요.
（友達が明日日本から来ます）

（4）아홉 시 (　　) 열한 시 (　　) 공부합니다.
（９時から 11 時まで勉強します）

（5）오늘 (　　) 휴가예요.
（今日から休暇です）

6．例のように「−요/이요?」を使って、対話してみましょう。

例 가 : 이거 생일 선물이에요.　　　나 : 생일 선물이요?

（1）가 : 내일 서울에 가요.　　　나 :

（2）가 : 스포츠 뭐 좋아해요?　　　나 :

（3）가 : 가수 누구 좋아해요?　　　나 :

（4）가 : 한국 음식 좋아해요?　　　나 :

（5）가 : 딸이 하나 있어요.　　　나 :

語彙プラス　疑問詞のまとめ

いつ	どこ	誰	何	なぜ	いくら
언제	어디	누구	무엇 / 뭐	왜	얼마

即！ 実践トレーニング

1．音声を聞いて時間、年齢を書き取りましょう。 57

（1）　（2）

（3）　（4）

（5）　（6）

2．例のように自分の家族を紹介してみましょう。

例 우리 가족은 네 명이에요. 아버지, 어머니, 오빠, 그리고 저예요. 아버지는 쉰두 살이에요. 회사원이에요. 어머니는 마흔여덟 살이에요. 주부예요. 오빠는 스물두 살이에요. 저보다 세 살 위예요. 지금 대학교 4 학년이에요. 그리고 우리 집에는 강아지가 한 마리 있어요.

3．次の質問に答えてみましょう。

（1）몇 살이에요?

（2）가족은 몇 명이에요?

（3）몇 시에 일어나요?

（4）집에서 학교까지 얼마나 걸려요?

（5）몇 시부터 몇 시까지 공부해요?

第9課

지난주 토요일에 콘서트에 갔어요.

先週の土曜日にコンサートに行きました。

🔊58

学習内容
1 用言語幹 + 았/었습니다(았/었어요)　～ました（用言文の過去形）
2 名詞 + 였/이었습니다(였/이었어요)　～でした（名詞文の過去形）

아야카：지난주 토요일에 동민 씨하고 콘서트에 갔어요.

상　준：그래요? 어땠어요?

아야카：정말 좋았어요. 사람들도 아주 많았어요. 콘서트가 끝나고 나서 사인도 받았어요.

상　준：자리는 어디쯤이었어요?

아야카：정면 앞자리였어요.

상　준：그럼, 가수 얼굴도 잘 보였습니까?

아야카：네, 실물이 훨씬 더 멋있었어요.

綾香：先週の土曜日にトンミンさんとコンサートに行きました。
相俊：そうですか。どうでしたか。
綾香：とてもよかったです。人もとても多かったです。コンサートが終わってからサインももらいました。
相俊：席はどの辺でしたか。
綾香：正面の前の席でした。
相俊：では、歌手の顔もよく見えましたか。
綾香：はい、実物がもっとずっとかっこよかったです。

語句の解説

- ▶ **지난주**：先週
- ▶ **갔어요**：行きました。㊍가다の過去形
- ▶ **어땠어요？**：どうでしたか。㊍어떻다の過去形。
  ㅎ不規則用言ですが、まずは丸暗記して使うようにしましょう。
- ▶ **좋았어요**：良かったです。㊍좋다の過去形
- ▶ **사람들**：人々。들は名詞、副詞などの後ろについて複数を表す言葉
- ▶ **많았어요**：多かったです。㊍많다の過去形
- ▶ **끝나고 나서**：終わってから。㊍끝나다。끝나＋고 나서（～してから）
- ▶ **사인**：サイン
- ▶ **받았어요**：もらいました。㊍받다の過去形
- ▶ **어디쯤이었어요？**：どのあたりでしたか。쯤はほど、ぐらい、あたり。
  －이었어요は子音で終わる名詞文の過去形
- ▶ **정면**：［正面］
- ▶ **앞자리였어요**：前の席でした。－였어요は母音で終わる名詞文の過去形
- ▶ **얼굴**：顔
- ▶ **보였습니까？**：見えましたか。㊍보이다の過去形
- ▶ **실물**：［実物］
- ▶ **훨씬**：はるかに、ずっと
- ▶ **더**：もっと
- ▶ **멋있었어요**：かっこよかったです。㊍멋있다の過去形

注意する発音

어땠어요〔☞ 어때써요〕㊫
앞자리〔☞ 압짜리〕㊬
많았어요〔☞ 마나써요〕㊉弱 ㊫
멋있었어요〔☞ 머시써써요〕㊫

文法・練習問題の単語

59

- **외우다** 覚える
- **어제** 昨日
- **초등학교** 小学校〈初等学校〉
- **오키나와** 沖縄
- **쇼핑** ショッピング
- **인사동**［仁寺洞］（地名）
- **옷** 服
- **친절하다**［親切］だ
- **때** 時
- **피아노** ピアノ
- **여행**［旅行］
- **오사카** 大阪
- **들어가다** 入る、帰る
- **휴강**［休講］
- **비빔밥** ビビンバ
- **지난달** 先月
- **출장**［出張］
- **혼자서** 1人で
- **그래서** それで

文法

1 用言語幹 + 았/었습니다(았/었어요) ～ました（用言文の過去形）

過去時制を表す「았/었」は해요体と同じく、用言の語幹末の母音によって陽母音（ㅏ、ㅑ、ㅗ）には「−았습니다(합니다体) /−았어요(해요体)」を、陰母音（ㅏ、ㅑ、ㅗ以外）には「−었습니다(합니다体)/−었어요（해요体)」をつけます。母音語幹の縮約・融合の方法は해요体と同じです（☞ 第5課参照)。

（1）子音語幹

基本形	語幹	現在形の해요体 語幹＋아요（陽） 語幹＋어요（陰）	過去形の합니다体 語幹＋았습니다（陽） 語幹＋었습니다（陰）	過去形の해요体 語幹＋았어요（陽） 語幹＋었어요（陰）
받다（もらう）	받（陽）	받아요	받았습니다	받았어요
좋다（良い）	좋（陽）	좋아요	좋았습니다	좋았어요
먹다（食べる）	먹（陰）	먹어요	먹었습니다	먹었어요
읽다（読む）	읽（陰）	읽어요	읽었습니다	읽었어요

（2）母音語幹

① 縮約形

基本形	語幹	現在形の해요体 語幹＋아요（陽） 語幹＋어요（陰）	過去形の합니다体 語幹＋았습니다（陽） 語幹＋었습니다（陰）	過去形の해요体 語幹＋았어요（陽） 語幹＋었어요（陰）
가다（行く）	가（陽）	가요* （ㅏ＋아 →ㅏ）	갔습니다	갔어요
서다（立つ）	서（陰）	서요* （ㅓ＋어 →ㅓ）	섰습니다	섰어요
보내다（送る）	보내（陰）	보내요 （ㅐ＋어 →ㅐ）	보냈습니다	보냈어요
세다（数える）	세（陰）	세요 （ㅔ＋어 →ㅔ）	셌습니다	셌어요
펴다（伸ばす）	펴（陰）	펴요* （ㅕ＋어 →ㅕ）	폈습니다	폈어요

＊語幹末の母音が「ㅏ、ㅓ、ㅕ」の場合は縮約形のみ使います。

② 融合形

基本形	語幹	現在形の해요体 語幹＋아요（陽） 語幹＋어요（陰）	過去形の합니다体 語幹＋았습니다（陽） 語幹＋었습니다（陰）	過去形の해요体 語幹＋았어요（陽） 語幹＋었어요（陰）
보다（見る）	보（陽）	봐요* （ㅗ＋아 →ㅘ）	봤습니다	봤어요
주다（あげる、くれる）	주（陰）	줘요* （ㅜ＋어 →ㅝ）	줬습니다	줬어요
되다（なる）	되（陰）	돼요* （ㅚ＋어 →ㅙ）	됐습니다	됐어요
마시다（飲む）	마시（陰）	마셔요 （ㅣ＋어 →ㅕ）	마셨습니다	마셨어요

*「ㅗ＋아、ㅜ＋어、ㅚ＋어」は融合せずに使うことも可能です。
（ただし、오다（来る）と語幹が우で終わる用言の場合は融合形のみ使われます）

例 보다（見る）　보았어요（○）　봤어요（○）
주다（あげる、くれる）　주었어요（○）　줬어요（○）
되다（なる）　되었어요（○）　됐어요（○）

（3）－하다　用言

하다および－하다がつく用言の過去形は「－했습니다」「－했어요」となります。

基本形	語幹	現在形の해요体	過去形の합니다体	過去形の해요体
공부하다（勉強する）	공부하	공부해요 （하＋여→해）	공부했습니다	공부했어요
조용하다（静かだ）	조용하	조용해요 （하＋여→해）	조용했습니다	조용했어요

2 名詞 + 였/이었습니다(였/이었어요)　～でした(名詞文の過去形)

名詞文の過去形は、母音で終わる名詞には「－였습니다/였어요」を、子音で終わる名詞には「－이었습니다/이었어요」をつけます。否定文の「아니다」は、「아니었습니다/아니었어요」になります。

基本形	現在形の해요体	過去形の합니다体	過去形の해요体
친구이다（友達だ）	친구예요	친구였습니다	친구였어요
학생이다（学生だ）	학생이에요	학생이었습니다	학생이었어요
학생이 아니다 （学生ではない）	학생이 아니에요	학생이 아니었습니다	학생이 아니었어요

練習問題

1．次の単語の意味を書き、過去形にしてみましょう。

基本形	意味	過去形（합니다体）	過去形（해요体）
① 좋다			
② 먹다			
③ 살다			
④ 사다			
⑤ 읽다			
⑥ 없다			
⑦ 보다			
⑧ 보내다			
⑨ 외우다			
⑩ 공부하다			
⑪ 기다리다			
⑫ 재미있다			
⑬ 친절하다			
⑭ 생일이다			
⑮ 지난주이다			
⑯ 휴강이 아니다	休講ではない		

2．例のように与えられた単語を使って過去形（해요体）に直し訳してみましょう。

例 어제 / 영화 / 보다 ⇨ 어제 영화를 봤어요.
訳：昨日映画を見ました。

（1）지난주 토요일 / 친구 / 만나다　⇨

訳：

（2）점심 때 / 비빔밥 / 먹다　⇨

訳：

（3）초등학교 때 / 피아노 / 배우다　⇨

訳：

（4）지난달 / 오키나와 / 여행 / 가다　⇨

訳：

여행을 가다（旅行に行く）、**출장을 가다**（出張に行く）、**쇼핑을 가다**（買い物に行く）。旅行・出張・買い物などのように「(動作性名詞）に行く」場合は日本語では「～に」を使いますが、韓国語では「－를 / 을」を使います。

3．例のように質問に答えて会話してみましょう。

例 주말에 뭐 했어요?
(친구하고 오사카에 가다)
(友達と大阪に行く)
⇨ 친구하고 오사카에 갔어요.

（1）오후 4시부터 9시까지 아르바이트를 하다
（午後4時から9時までアルバイトをする）
⇨

（2）도서관에서 책을 읽다
（図書館で本を読む）
⇨

（3）혼자서 영화를 보다
（1人で映画を見る）
⇨

（4）가족하고 여행을 가다

（家族と旅行に行く）

⇨

4．A、B、に（1）～（4）の言葉を入れて言ってみましょう。

가：（　A　）였어요 / 이었어요?

나：（　B　）였어요 / 이었어요.

	A	B
（1）	어디	인사동
（2）	몇 명	4명
（3）	얼마	3만원
（4）	언제	어제

語彙プラス　時に関する言葉

그제/그저께 一昨日	**어제/어저께** 昨日	**오늘** 今日	**내일** 明日	**모레** 明後日
지지난주 先々週	**지난주** 先週	**이번 주** 今週	**다음 주** 来週	**다다음 주**＊ 再来週
지지난달 先々月	**지난달** 先月	**이번 달** 今月	**다음 달** 来月	**다다음 달**＊ 再来月
재작년 一昨年	**작년** [昨年]	**올해** 今年	**내년** [来年]	**내후년** 再来年
아침 朝	**낮** 昼	**저녁/밤** 夕方 / 夜	**오전** [午前]	**오후** [午後]

＊「**다다음**」は「**다음다음**」と表記するのが正しいですが、日常では通常「**다다음**」と使われています。

即！ 実践トレーニング

1．音声を聞いて次の質問に答えてみましょう。 🔊60

（1）이 사람은 어제 어디에 갔어요?

（2）이 사람은 뭘 샀어요?

（3）친구는 뭘 샀어요?

（4）저녁에는 뭘 했어요?

（5）이 사람은 몇 시에 집에 들어갔어요?

（6）이 사람은 몇 시에 잤어요?

2．先週末の出来事を書いてみましょう。

지난 주말에

第10課

정말 젊어 보이시네요.

本当にお若くみえますね。

🔊61

学習内容
1 ～（ら）れます、～でいらっしゃいます（尊敬形）
2 名詞＋가/이 어떻게 되세요? ～は～でいらっしゃいますか？
3 形容詞・存在詞語幹＋아/어 보이다 ～く見える、～のように見える

동 민 : 아야카 씨, 저희 어머니십니다.

아야카 : 안녕하세요? 기무라 아야카라고 합니다.

동민 어머니 : 어서 와요.

아야카 : 이거, 쿠키예요. 어머님, 쿠키 좋아하세요?

동민 어머니 : 네, 좋아해요. 고마워요.
여기 앉아서 잠깐 기다리세요.

아야카 : 네. 저어, 동민 씨, 어머님 연세가 어떻게 되세요?

동 민 : 쉰일곱 살이세요.

아야카 : 정말 젊어 보이시네요.

東民：綾香さん、うちの母です。
綾香：こんにちは。木村綾香と申します。
東民の母：ようこそ、いらっしゃい。
綾香：これ、クッキーです。お母様、クッキーお好きですか。
東民の母：はい、好きです。ありがとうございます。ここに座ってちょっと待っていてください。
綾香：はい。あの～、トンミンさん、お母様はおいくつですか。
東民：57 歳です。
綾香：本当にお若く見えますね。

- ▶ **저희**：私ども、手前ども。우리（私たち）の謙譲語
- ▶ **어머니십니다**：母でいらっしゃいます。韓国語は身内にも敬語を使います。
  어머니＋십니다（尊敬形）
- ▶ **어서**：行動を促したり勧めるときの、さあ、どうぞにあたる言葉
- ▶ **쿠키**：クッキー
- ▶ **어머님**：お母様。어머니の尊敬語
- ▶ **좋아하세요?**：お好きですか。
  좋아하＋(으)세요?（尊敬形）
- ▶ **앉아서**：座って。㊎앉다〔안따〕。
- ▶ **잠깐**：ちょっとの間、しばらく
- ▶ **기다리세요**：お待ちください。
  기다리＋(으)세요（丁寧な命令表現）
- ▶ **저어**：えっと、あの〜。ちょっと考えて言う時に使います。
- ▶ **연세**：お歳〈年歳〉。나이（歳）の尊敬語
- ▶ **어떻게 되세요?**：相手に丁重に年齢や、名前、住所などを聞くときによく使われます。
- ▶ **젊어 보이시네요**：若くお見えになりますね。㊎젊다〔점따〕。
  젊＋아/어 보이다（〜く見える）
  尊敬の「시」と感嘆を表す語尾「네요」が合わさった形

注意する発音

저희〔☞ 저히〕「ㅇ」以外の子音を伴う「ㅢ」は「ㅣ」と発音します（☞ 文字編第４課 p.19 参照）。
앉아서〔☞ 안자서〕㉃
젊어〔☞ 절머〕㉃

文法・練習問題の単語

🔊62

- **알다** 知る、分かる
- **늦게** 遅く
- **싫어하다** 嫌いだ
- **졸리다** 眠い
- **행복하다** 幸せだ、［幸福—］
- **피곤하다** 疲れる〈疲困—〉
- **일찍** 早く
- **교사** ［教師］
- **힘들다** 大変だ
- **시골** 田舎
- **공무원** ［公務員］
- **운동** ［運動］
- **형제** ［兄弟］
- **성격***［性格］

*성격〔성껵〕と発音する。

文法

1 ～(ら)れます、～でいらっしゃいます(尊敬形)

尊敬形は、用言の場合、母音語幹には －시다を、子音語幹には －으시다をつけます。ただしㄹ語幹は「ㄹ」パッチムが脱落し、「－시다」がつきます。指定詞（名詞文）の場合は、母音で終わる名詞には －시다を、子音で終わる名詞には이시다をつけます。韓国語は日本語と違って身内にも敬語を使います。－(으)세요は丁寧な命令表現「～してください」としても使われます。

	基本形	尊敬形	합니다体 （かしこまった尊敬形）	해요体 （うちとけた尊敬形）
用言	가다 （行く）	母音語幹＋**시다** 가**시다**（行かれる）	語幹＋**십니다** 가**십니다**	語幹＋**세요** 가**세요**
	알다 （知る）	ㄹ語幹（ㄹ脱落）＋**시다** 아**시다**（ご存知だ）	語幹＋**십니다** 아**십니다**	語幹＋**세요** 아**세요**
	찾다 （探す）	子音語幹＋**으시다** 찾**으시다**（お探しになる）	語幹＋**으십니다** 찾**으십니다**	語幹＋**으세요** 찾**으세요**
指定詞	언니이다 （姉だ）	母音終わり名詞＋**시다** 언니**시다**（姉でいらっしゃる）	名詞＋**십니다** 언니**십니다**	名詞＋**세요** 언니**세요**
	선생님이다 （先生だ）	子音終わり名詞＋**이시다** 선생님**이시다** （先生でいらっしゃる）	名詞＋**이십니다** 선생님**이십니다**	名詞＋**이세요** 선생님**이세요**

● 疑問形は「－(으/이)십니까?」（합니다体）/「－(으/이)세요?」（해요体）になります。

● 特殊な尊敬語

尊敬形には規則どおりではなく特殊な形になるものがあります。こちらはこのままの形で覚えましょう。

（1）用言

普通語	尊敬語	합니다体	해요体
있다（いる）*	**계시다**（いらっしゃる）	계십니다	계세요
없다（いない）*	**안 계시다**（いらっしゃらない）	안 계십니다	안 계세요

먹다（食べる） 마시다（飲む）	**드시다・잡수시다** （召し上がる）	드십니다 잡수십니다	드세요 잡수세요
자다（寝る）	**주무시다**（おやすみになる）	주무십니다	주무세요
죽다（死ぬ）	**돌아가시다**（お亡くなりになる）	돌아가십니다	돌아가세요

＊있다/없다が人以外、ものごとが主語のときは、있으시다/없으시다を使います。

例 오늘 시간 있으세요?（今日お時間ございますか。）

（2）名詞

普通語	尊敬語	普通語	尊敬語
할아버지（おじいさん）	할아버님（おじい様）	할머니（おばあさん）	할머님（おばあ様）
아버지（お父さん）	아버님（お父様）	어머니（お母さん）	어머님（お母様）
선생（先生）	선생님（先生）	사장（社長）	사장님（社長）
부모（両親）	부모님（ご両親）	사람（人）	분（方）
말（言葉）	말씀（お言葉）	이름（名前）	성함（お名前）
나이（歳）	연세（お歳）	집（家）	댁（お宅）

2 名詞＋가/이 어떻게 되세요? 〜は〜でいらっしゃいますか?

直訳すると「〜がどのようにおなりですか」で、尊敬の「-(으)시」が入っており、相手に丁重に年齢や、名前、住所などを聞くときによく使われます。かしこまった形**합니다**体は「-가/이 어떻게 되십니까?」です。

例 연세가 어떻게 되세요?　（お歳はおいくつでいらっしゃいますか。）
　성함이 어떻게 되십니까?（お名前は何とおっしゃいますか。）

3 形容詞・存在詞語幹＋아/어 보이다 〜く見える、〜のように見える

해요体の요を取ると連用形（아/어形）になります。連用形に보이다を合わせた形 -아/어 보이다は「〜く見える」という意味になり、状態を推測、判断するときに使います。

・많다　　많**아 보이다**　　이게 더 많**아 보여요**.　（こちらがもっと多く見えます。）
・젊다　　젊**어 보이다**　　나이보다 젊**어 보여요**.（年齢より若く見えます。）
・피곤하다　피곤**해 보이다**　오늘 피곤**해 보여요**.　（今日疲れているように見えます。）
・맛있다　맛있**어 보이다**　뭐가 맛있**어 보여요**?　（何がおいしそうに見えますか。）

練習問題

1．次の単語の意味を書き、尊敬形に直してみましょう。

基本形	意味	尊敬形 語幹＋(으)시다 名詞＋(이)시다	합니다体 語幹＋(으)십니까? 名詞＋(이)십니까?	해요体 語幹＋(으)세요? 名詞＋(이)세요?
① 가다				
② 괜찮다				
③ 받다				
④ 알다				
⑤ 배우다				
⑥ 피곤하다				
⑦ 기다리다				
⑧ 시간이 있다				
⑨ 자다*				
⑩ 있다*	いる			
⑪ 없다*	いない			
⑫ 먹다*				
⑬ 선생님이다				
⑭ 공무원이다				
⑮ 의사이다				

*がついた用言の尊敬語は特殊な形です。

2．例のように尊敬表現を用いて会話の練習をしましょう。

例 한국 음식, 좋아하다 ⇨ 가 : 한국 음식을 좋아하세요?
(아주, 좋아하다) 나 : 네, 아주 좋아해요.

(1) 어디, 살다 ⇨ 가 : ?
(도쿄, 살다) 나 :

(2) 보통, 늦게, 자다 ⇨ 가 : ?
(일찍, 자다) 나 :

(3) 아침, 주로, 뭘, 먹다 ⇨ 가 : ?
(빵, 먹다) 나 :

(4) 운동, 싫어하다 ⇨ 가 : ?
(좋아하다) 나 :

(5) 이번 주말, 약속, 있다 ⇨ 가 : ?
(친구, 약속, 있다) 나 :

(6) 아버지, 회사원이다 ⇨ 가 : ?
(교사이다) 나 :

3. (1)～(5)の尊敬語を(A)～(E)から選び線でつないでみましょう。

(1) 이름 ·	· (A) 연세
(2) 말 ·	· (B) 성함
(3) 사람 ·	· (C) 말씀
(4) 집 ·	· (D) 분
(5) 나이 ·	· (E) 댁

4. 例のように与えられた単語を使って会話してみましょう。

> 例 성함 / 이지숙
> 가 : 성함이 어떻게 되세요? (お名前は何とおっしゃいますか。)
> 나 : 이지숙이라고 합니다. (イ・ヂスクと申します。)

(1) 연세 / 쉰두 살
가 : ?
나 :

(2) 형제 / 언니, 남동생
가 : ?
나 :

(3) 핸드폰 번호 / 090-2778-9553

가 : ?

나 :

(4) 가족 / 아버지, 어머니, 누나

가 : ?

나 :

5. 次の文を日本語に訳してみましょう。

(1) 부모님 연세가 어떻게 되십니까? ⇨

(2) 한국 분이십니까? ⇨

(3) 여기 앉으세요. ⇨

(4) 한국에는 언제 가세요? ⇨

6. 例のように「～く見えます」という表現に直してみましょう。

例 졸리다 (眠い)
☞ 졸려 보여요.

(1) 음식이 맛있다 (食べ物がおいしい)
⇨

(2) 일이 힘들다 (仕事が大変だ)
⇨

(3) 성격이 좋다 (性格がいい)
⇨

(4) 요즘 행복하다 (この頃、幸せだ)
⇨

即！ 実践トレーニング

1．次の文を韓国語で書いて言ってみましょう（文末自由）。

（1）日曜日の午後、お宅にいらっしゃいますか。

⇨

（2）何時にお休みになりますか。

⇨

（3）お歳はおいくつでいらっしゃいますか。

⇨

（4）どうぞ召し上がってください。

⇨

2．音声を聞いて（　　　　　）の中に語句を入れてください。 🔊63

유카：현수 씨, 가족이 (　　　　　　　　)?

현수：할머니하고 (　　　　　), 그리고 누나가 하나 있습니다.

유카：할머님도 같이 (　　　　　　　　)?

현수：아뇨, 할머니는 시골에 (　　　　　　　　).

유카：(　　　　　　　　) 무엇을 하세요?

현수：아버지는 초등학교 (　　　　　　　　　　).

그리고 어머니는 (　　　　　　　　).

이게 저희 가족 사진이에요.

유카：이 (　　　　　) 할머님이세요?

현수：네.

유카：할머님이 정말 (　　　　　　　　　).

ステージ3
表現力を伸ばそう！

第11課

연휴 때 뭐 하고 싶어요?

連休の時、何をしたいですか。

64

学習内容

1 動詞語幹 + 고 싶다　～したい（希望）
2 用言語幹 + 고　～し、～て（羅列）
3 動詞語幹 + 아/어 보다　～てみる（試み）
4 （人・動物）+ 에게(한테)/에게서(한테서)　～に／～から（助詞）

다쿠야 : 지애 씨, 이번 연휴 때 뭐 하고 싶어요?

지　애 : 유럽으로 여행을 가고 싶어요.
다쿠야 씨는 작년 여름에 그리스에 갔다 왔지요?

다쿠야 : 네, 어떻게 알았어요?

지　애 : 아야카 씨한테서 들었어요.
그리스는 어땠어요?

다쿠야 : 날씨도 좋고 음식도 맛있고 경치도 좋았어요. 지애 씨도 한번 가 보세요.

지　애 : 네, 저도 내년 여름에는 꼭 가 보고 싶어요.

琢也：チエさん、今度の連休の時、何をしたいですか。
智愛：ヨーロッパへ旅行に行きたいです。琢也さんは去年の夏にギリシャに行ってきたでしょう。
琢也：はい。どうして知っているのですか。
智愛：綾香さんから聞きました。ギリシャはどうでしたか。
琢也：天気も良く、食べ物もおいしく、景色も良かったです。チエさんも一度行ってみてください。
智愛：はい、私も来年の夏には是非行ってみたいです。

語句の解説

- ▶ **하고 싶어요?**：したいですか。하＋고 싶어요？（希望）
- ▶ **여행을 가고 싶어요**:旅行に行きたいです。여행을 가다「(動作性名詞) に行く」(p99 参照)
- ▶ **작년**：去年、[昨年]
- ▶ **여름**：夏
- ▶ **그리스**：ギリシャ
- ▶ **갔다 왔지요?**：行って来たでしょう。㊚ 갔다 오다。過去形は갔다 왔다。
  갔다 왔＋지요？（～でしょう、確認、同意）
- ▶ **－한테서**：～から
- ▶ **들었어요**：聞きました。㊚ 듣다の過去形。
  ㄷ不規則用言ですが、まずは丸暗記して使うようにしましょう。
- ▶ **날씨**：天気
- ▶ **좋고**：良いし。좋＋고（～し、羅列）
- ▶ **경치**：景色、〈景致〉
- ▶ **가 보세요**：行ってみてください。가＋아/어 보다（～てみる、試み）。
  가 보＋(으)세요（丁寧な命令表現）
- ▶ **내년**：[来年]
- ▶ **꼭**：是非、必ず
- ▶ **가 보고 싶어요**：行ってみたいです

注意する発音

작년〔☞ 장년〕㊡　　좋고〔☞ 조코〕㊢　　맛있고〔☞ 마신꼬〕㊦㊨

文法・練習問題の単語

🔊 65

- **아무 데도** どこへも
- **분위기** [雰囲気]
- **물** 水
- **바람이 불다** 風が吹く
- **막걸리** マッコリ
- **운동화** [運動靴]
- **감자탕** カムジャタン
- **나무** 木
- **무슨** どんな、何の
- **아무것도** 何も
- **제주도** [済州島]（地名）
- **운전** [運転]
- **청소** 掃除〈清掃〉
- **김밥** キムパプ
- **편하다** 楽だ〈便−〉
- **주연** [主演]
- **얘기** 話
- **깨끗하다** きれいだ
- **꽃** 花
- **비가 오다** 雨が降る
- **한복** [韓服]
- **소설** [小説]
- **신다*** 履く
- **배우** [俳優]
- **지난번** 前回、この前〈−番〉

＊신다〔신따〕と発音する

文法

1 動詞語幹 ＋ 고 싶다　～したい（希望）

自分の希望を表す「～したい」は動詞の語幹に −고 싶다をつけます。−고 싶다の합니다体は −고 싶습니다、해요体は −고 싶어요になります。

・가다（行く）　⇨　**가고 싶다**

・먹다（食べる）　⇨　**먹고 싶다**

例 한국에 가**고 싶습니다**.　　（韓国に行きたいです。）

뭐 먹**고 싶어요**?　　（何が食べたいですか。）

希望の否定形

希望の否定形は「안 語幹＋고 싶다」か、「語幹＋고 싶지 않다」になります。

・가다（行く）　⇨　**안 가고 싶다 / 가고 싶지 않다**

例 아무 데도 **안** 가**고 싶어요**.　　（どこへも行きたくありません。）

아무것도 먹**고 싶지 않습니다**.　（何も食べたくありません。）

2 用言語幹 ＋ 고　～し、～て（羅列）

状態や事実を並列的に羅列したり、行為を時間の順序に沿って羅列する時に使います。指定詞「−이다」は語幹に「고」がつき「이고」になります。ただ母音で終わる名詞は「이」が省略されます。話し言葉では「구」と言うときもあります。

例 깨끗하**고** 분위기도 좋아요.　　（きれいで、雰囲気もいいです。）

밥을 먹**고** 커피를 마셨어요.　　（ご飯を食べて、コーヒーを飲みました。）

저는 열아홉 살**이고** 대학생이에요.　（私は 19 歳で、大学生です。）

3 動詞語幹 ＋ 아/어 보다　～てみる（試み）

해요体の요を取った形（連用形）に보다を合わせた形「−아/어 보다」は「～してみる」という試みの表現になります。−아/어 보다に丁寧な命令表現の「−(으) 세요」を合わせた「−아/어 보세요」は「～してみてください」という意味になります。

・가다（行く）　⇨　**가 보다**

・먹다（食べる）　⇨　먹**어 보다**

例 제주도에 **가 보고 싶어요**.　　（済州島に行ってみたいです。）

한번 먹**어 보세요**.　　（一度食べてみてください。）

4 (人・動物) + 에게(한테)/에게서(한테서)　～に/～から(助詞)

人や動物を表す名詞について「～に」/「～から」という意味を表す助詞です。한테/한테서は話し言葉でよく使われます。なお한테は한테서の縮約としても使えます。

☞ 人や動物以外が行動の対象になる場合は「에」を使うので注意しましょう。

例 친구**에게** 생일 선물을 보냈어요.　(友達に誕生日プレゼントを送りました。)
동생**한테서** 연락이 왔어요.　(弟から連絡が来ました。)
남자 친구**한테**(**한테서**) 꽃을 받았어요.　(ボーイフレンドから花をもらいました。)
꽃**에** 물을 주었어요.　(花に水をやりました。)

練習問題

1．次の用言の意味を書き、希望と希望の否定表現に直してみましょう。

基本形	意味	語幹 +고 싶어요	안 語幹 +고 싶어요	語幹 +고 싶지 않아요
① 만나다				
② 마시다				
③ 보다				
④ 듣다				

2．例のように質問を希望表現に直し、答えてみましょう。

例 뭘 배워요?　⇨　가：뭘 배우고 싶어요?
(운전)　　나：운전을 배우고 싶어요.

(1) 주말에 뭘 해요?　⇨　가：
(책을 읽다)　　나：

(2) 뭘 사요?　⇨　가：
(옷)　　나：

（3）뭘 먹어요?　⇨　가 :
(아무것도)　나 :

（4）휴가 때 어디에 가요?　⇨　가 :
(아무 데도)　나 :

3．例 のように質問に答えて会話してみましょう。

例 가 : 저 식당은 어때요?　(분위기도 좋다 / 맛있다)
나 : 분위기도 좋고 맛있어요.

（1）가 : 그 사람은 어때요 ?　(성격도 좋다 / 멋있다)
나 :

（2）가 : 서울 날씨는 어때요 ?　(비도 오다 / 바람도 불다)
나 :

（3）가 : 일요일에는 보통 뭐 해요 ?　(청소를 하다 / 스포츠센터에 가다 .)
나 :

（4）가 : 휴일에 뭐 하고 싶어요 ? (영화도 보고 싶다 / 쇼핑도 하고 싶다)
나 :

（5）가 : 부모님은 뭐 하세요 ? (아버지는 회사원이다 / 어머니는 교사이다)
나 :

4．次の用言の意味を書き、「−아/어 보다（～てみる）」をつけてみましょう。

基本形	意味	−아/어 보다	基本形	意味	−아/어 보다
입다			타다		
배우다			만들다		

5. 例 のように「〜てみたいです」という表現に変えてみましょう。

例 김치찌개를 먹다
⇨ 김치찌개를 먹어 보고 싶어요.

（1）한복을 입다
⇨

（2）막걸리를 마시다
⇨

（3）김밥을 만들다
⇨

（4）한국 소설을 읽다
⇨

6. 例 のように相手に勧めてみましょう。

例 가 : 제주도 어때요? (좋다 / 가다)
나 : 좋아요. 한번 가 보세요.

（1）가 : 그 소설 어때요? (재미있다 / 읽다)
나 :

（2）가 : 이 운동화 어때요? (편해 보이다 / 신다)
나 :

（3）가 : 감자탕 맛있어요? (맛있다 / 먹다)
나 : 네,

（4）가 : 그 영화 어때요? (주연 배우가 멋있다 / 보다)
나 :

7. 例 の中から適当な助詞を選んで書き入れて訳してみましょう。

例 －에게(한테)　　　－에게서(한테서)　　　－에

（1）친구（　　　）ＣＤ를 선물했어요.

（訳：　　　　　　　　　　　　　　　　　　　　　　）

（2）선생님（　　　）전화가 왔어요.

（訳：　　　　　　　　　　　　　　　　　　　　　　）

（3）그 얘기 누구（　　　）들었어요?

（訳：　　　　　　　　　　　　　　　　　　　　　　）

（4）나무（　　　）물을 주었어요.

（訳：　　　　　　　　　　　　　　　　　　　　　　）

（5）그 일은 언니（　　　）부탁했어요.

（訳：　　　　　　　　　　　　　　　　　　　　　　）

即！ 実践トレーニング

※ 次の質問に答えてみましょう。

（1）방학(휴가) 때 뭐 하고 싶어요？

（2）어느 나라에 가 보고 싶어요？

（3）지난번 여행은 어땠어요？

（4）생일 때 누구한테 무슨 선물을 받았어요？

문화방　한국의 식사예절（韓国の食事マナー）

日本も韓国もお米を主食とし、箸を使う食文化ですが、食事の習慣やマナーにはいくつかの違いがあります。

❖座り方―あぐらか立て膝

イスとテーブルの席では普通に座りますが、座卓の場合は男性があぐら、女性はあぐらか立て膝で座ります。日本では正座が礼儀正しい座り方なので、立て膝に驚くと思いますが、立て膝は韓国の伝統衣装である韓服がもっとも美しく見える座り方です。スカートの中で膝を立ててドーム型をつくり、ふわりと広がるようにする昔の座り方の習慣からきたマナーです。韓国では正座は罰を受けるときのイメージがあり、そのため食事の時に正座をしていると堅苦しく感じてしまいます。

❖スプーンと箸の置き方と使い方

韓国では必ずスプーンと箸の両方をテーブルの右側に置きます。その際、スプーンは内側、箸は外側にして縦向きに置くのがルールです。ご飯と汁物はスプーン、おかずは箸と使い分けています。箸でご飯を食べ、汁物を飲むのは失礼にあたります。

❖食器は持たない

韓国ではお茶碗を持ち上げないで食べるのがマナーです。左手はお茶碗に添える程度です。韓国は昔から金属製の食器を使用していました。今では家庭では焼き物の器も使っていますが、お店ではまだご飯茶碗は金属製を使っているところが多いです。そもそも金属製の器に熱いご飯が入っていると、熱くて持つことができません。

❖直箸を使う

韓国では取り箸を使う習慣がありません。盛り合わせたおかずや汁物をとるときも自分の箸、スプーンをそのまま使います。最近はお店や家庭でもお客さんに対しては気を使う人もいますが、普通は直箸を使います。

❖お酒を飲むとき

目上の人にお酒をつぐときは左手を右腕に添えるのが基本です。また飲むときはなるべく顔をそむけて目上の人に顔を見せないようにして飲みます。なおつぎ足しは禁物で、相手のコップにお酒が残っているときはつぎません。もしコップにまだお酒が残っている場合は、杯のお酒を飲み干して空にしてからお酒をもらうのがマナーです。

第12課

길이 많이 막혀서 늦었어요.

道がとても混んで遅れました。

🔊 66

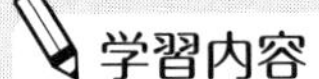

1 用言語幹 + 아/어서　～て、～ので（理由、動作の先行）
2 用言語幹 + 겠（意志、推量、控えめな気持ち）
3 아직 안 -았/었어요　まだ～していません（未了）

아야카 : 동민 씨, 늦어서 미안해요.
많이 기다렸지요?

동　민 : 괜찮아요. 그런데 무슨 일 있었어요?

아야카 : 네, 길이 많이 막혀서 늦었어요.

동　민 : 원래 퇴근시간에는 항상 길이 많이 막혀요.

아야카 : 여기까지 버스로 1시간이나 걸렸어요.

동　민 : 퇴근시간에는 버스보다 전철이 더 빨라요.

아야카 : 영화는 아직 시작 안 했지요?

동　민 : 네, 곧 시작하겠어요.
빨리 들어가요.

綾香：トンミンさん、遅れてすみません。だいぶ待ったでしょう。
東民：大丈夫です。ところで、何かありましたか。
綾香：はい、道がとても混んで遅れました。
東民：もともと退勤時間はいつも道がとても混みます。
綾香：ここまでバスで１時間もかかりました。
東民：退勤時間はバスより電車のほうがもっとはやいです。
綾香：映画はまだ始まってないですよね。
東民：はい、もうすぐ始まります。はやく入りましょう。

語句の解説

▶ **늦어서**：遅れて。㊣늦다。늦＋아/어서（理由、原因）
▶ **많이**：たくさん、多く、とても
▶ **무슨**：무슨は何か、何の、どういうなどの意味があり、必ず後ろに名詞を伴い、その種類などを聞くときに使います。「무슨 일 있었어요?」は「何かありましたか」という意味。일はこと、仕事
▶ **길이 막혀서**：道が混んで。길は道。㊣막히다（混む、詰まる）。막히＋아서/어서（理由・原因）。차가 막히다（車が混む）とも言います。
▶ **원래**：［元来］、もともと
▶ **퇴근**：［退勤］⇔ 출근［出勤］
▶ **항상**：いつも〈恒常〉
▶ **１시간이나**：１時間も。−(이)나は数量が予想を超えたことを表します。
▶ **빨라요**：速いです。㊣빠르다の해요体。르不規則用言ですが、このまま丸暗記して使うようにしましょう。
▶ **아직 시작 안 했지요?**：まだ始まってないですよね？　아직はまだ。㊣시작하다（始まる、始める〈始作−〉）。시작하다は名詞＋하다動詞。
▶ **곧**：もうすぐ
▶ **시작하겠어요**：始まります。−겠は意志や推量、控えめな気持ちを表します。
▶ **빨리**：はやく
▶ **들어가요**：入りましょう。㊣들어가다

注意する発音

무슨 일〔☞ 무슨닐〕ㄴ挿　　막혀서〔☞ 마켜서〕激
원래〔☞ 월래〕流　　시작하겠어요〔☞ 시자카게써요〕激 連

文法・練習問題の単語

🔊67

- **휴일**［休日］
- **제가** 私が
- **모르다** 分からない
- **해외**［海外］
- **면접**［面接］
- **정장**［正装］
- **갈아타다** 乗り換える
- **답** 答え、［答］
- **삼계탕** サムゲタン［参鶏湯］
- **쓰다** かぶる、つかう
- **도와 주다** 手伝ってくれる
- **결혼**［結婚］
- **세일** セール
- **운동회**［運動会］
- **또** また
- **문제**［問題］
- **중국**［中国］
- **늦잠** 寝坊
- **묻다** 尋ねる
- **지각하다**［遅刻］する
- **기간**［期間］
- **연기되다**［延期］される
- **끝내다** 終える
- **죄송하다** 申し訳ない〈罪悚−〉
- **배고프다** お腹が空く
- **벌써** もう、すでに

文法

1 用言語幹 + 아/어서 〜て、〜ので (理由、動作の先行)

해요体の요を取った形（連用形）に서をつけた形です。① 理由、原因を表す時や、② 動作の先行を表す時（前文と後文の動作に関連性がある）、③ お礼、謝罪をする時に使います。また終結語尾「요」（第８課参照）をつけた「−아/어서요」は「〜からです」という意味になります。名詞文の場合は母音で終わる名詞＋라서を、子音で終わる名詞＋이라서をつける方法と、母音で終わる名詞＋여서、子音で終わる名詞＋이어서をつける方法の二つがあります。「−아/어서」は過去のことであっても過去形を用いません（−았/었어서（×））。

例 일이 많**아서** 힘들어요.　（仕事が多くて大変です。）
백화점에 가**서** 선물을 샀어요.
（デパートに行ってプレゼントを買いました。）
휴일**이라서** 사람이 많아요.　（休日なので人が多いです。）

名詞文の理由、原因
① 名詞 +(이)라서
② 名詞 + 여서/이어서

❂ −고と−아/어서の違い（☞ 고は第 11 課文法２参照）
両方とも日本語の「〜て」と訳される場合がありますが、次のような相違があるので気をつけましょう。

−고	① 事柄や動作を羅列する時 ② 動作・変化を時間に沿って羅列するとき ③ 着用・乗車の時	날씨도 좋고 경치도 좋았어요. （天気もよくて、景色も良かったです。） 샤워를 하고 저녁을 먹어요. （シャワーを浴びて、夕飯を食べます。） 모자를 쓰고 산책을 갔어요. （帽子をかぶって、散歩に行きました。） 버스를 타고 가요. （バスに乗って行きます。）
−아/ −어서	① 理由・原因・根拠の時 ② 動作の先行（前文と後文の動作の関連性がある時） ③ お礼・謝罪する時	늦잠을 자서 늦었어요. （寝坊をして遅れました。） 서점에 가서 책을 샀어요. （本屋に行って（そこで）本を買いました。） 선물을 사서 친구에게 줬어요. （プレゼントを買って（それを）友達にあげました。） 도와 주셔서 감사합니다. （手伝ってくださってありがとうございます。）

2 用言語幹 + 겠(意志、推量、控え目な気持ち)

補助語幹「-겠」は、用言の語幹について意志や推量、控えめな気持ちを表します。尊敬の「-(으) 시」の後ろについて相手の意向を丁寧に聞く時にも使います。

	(합니다体) -겠습니다/-겠습니까?	(해요体) -겠어요/-겠어요?
意志	가다(行く)⇨ 가겠습니다 내일 가**겠습니다**. (明日行きます。)	・사다(買う)⇨ 사겠어요 그럼 커피는 제가 사**겠어요**. (では、コーヒーは私が買います(おごります)。)
意向 (疑問形)	*-(으)시겠습니까? ・출발하다 ⇨ 출발하시겠습니까? 언제 출발하**시겠습니까**? (いつ出発なさいますか。)	*-(으)시겠어요? ・드시다(召上る)⇨ 드시겠어요? 뭘 드**시겠어요**? (何を召上りますか。)
推量	오다(来る、降る)⇨ 오겠습니다 오늘 오후에 비가 오**겠습니다**. (今日の午後雨が降るでしょう。)	・늦다(遅れる)⇨ 늦겠어요 조금 늦**겠어요**. (少し遅れそうです。)
控えめな 気持ち	・묻다(尋ねる)⇨ 묻겠습니다 말씀 좀 묻**겠습니다**. (ちょっとお尋ねします。) *좀については p150 参照	모르다(分からない)⇨ 모르겠어요 잘 모르**겠어요**. (よく分かりません。)

3 아직 안 -았/었어요 まだ~していません(未了)

「まだ~していません」と言うとき、韓国語では文末が過去形になるので、注意しましょう。否定形「-지 않다」を用いて「아직 -지 않았어요」を使うことも可能です。

例 **아직** 결혼 **안** 했어요. (まだ結婚していません。)
가 : 점심 먹었어요? (お昼食べましたか。)
나 : 아뇨, **아직 안** 먹었**어요**. (いいえ、まだ食べていません。)
(아뇨, **아직** 먹지 **않았어요**.)

練習問題

1. 例 のように与えられた語句を使って会話を完成してみましょう。

例 피곤하다 / 일이 많다
가 : 왜 피곤해요?
나 : 일이 많아서 피곤해요.

（1）힘들다 / 숙제가 많다
가 :
나 :

（2）지각했다 / 늦잠을 자다
가 :
나 :

（3）늦었다 / 차가 막히다
가 :
나 :

（4）아르바이트를 하다 / 해외여행을 하고 싶다
가 :
나 :

（5）백화점에 사람이 많다 / 세일 기간이다
가 :
나 :

2. 例 のように次の語句を用いて会話文を完成してみましょう。

~~비가 오다~~ / 안 좋아하다 / 면접이 있다 / 내일이 시험이다 / 비싸다 / 맛있다

例 가 : 왜 운동회가 연기됐어요?
나 : 비가 와서요.

（1）가：오늘 저녁에 같이 식사 어때요?

나：미안해요.（　　　　　　　　　　　　　　）

（2）가：왜 정장을 입었어요?

나：（　　　　　　　　　　　　　　　　　　　）

（3）가：같이 감자탕 먹으러 가요.

나：죄송해요. 감자탕은 별로（　　　　　　　　　）

（4）가：또 먹어요?

나：네, 너무（　　　　　　　　　　　　　　　　　　）

（5）가：왜 아무것도 안 사요?

나：너무（　　　　　　　　　　　　　　　　　　　）

3. 二つの表現の中から正しいものを選んでみましょう。

（1）운동회는 비가（오고, 와서）내일로 연기됐어요.

（2）일을（끝내고, 끝내서）저녁을 먹었어요.

（3）친구를（만나고, 만나서）영화를（보고, 봐서）커피를 마셨어요.

（4）면접이（있고, 있어서）정장을（입고, 입어서）갔어요.

（5）도쿄역에서（내리고, 내려서）갈아타세요.

（6）회의 시간에（늦고, 늦어서）죄송합니다.

4.（1）～（4）の質問に対する適切な答えを、（A）～（D）の中から選んでみましょう。

（1）내일 날씨는 어때요?	（A）저는 비빔밥을 먹겠습니다.
（2）뭘 드시겠습니까?	（B）죄송해요. 잘 모르겠어요.
（3）이 문제 답을 아세요?	（C）내일 가겠습니다.
（4）서울에는 언제 오세요?	（D）내일은 비가 조금 오겠습니다.

5. 例 のように会話を完成してみましょう。

> 例 가 : 그 영화 봤어요?
> 나 : 아뇨, 아직 안 봤어요.

（1）가 : 저녁 먹었어요?
나 : 아뇨,

（2）가 : 벌써 일이 다 끝났어요?
나 : 아뇨,

（3）가 : 결혼했어요?
나 : 아뇨,

（4）가 : 중국에 가 봤어요 ?
나 : 아뇨,

即！ 実践トレーニング

※ 音声を聞いて（　　　　　　）に韓国語を書き入れてみましょう。 68

(식당에서)
유리코 : (　　　　　　　　　　). 많이 기다렸지요?
현　우 : 아뇨, 저도 지금 왔어요.
(　　　　　　) 길이 많이 막혔어요.
유리코 : 벌써 1 시네요. 현우 씨, 배고프지요?
현　우 : 네, 유리코 씨는 (　　　　　　　　)?
유리코 : 이 집은 뭐가 맛있어요?
현　우 : 삼계탕이 유명해요. 삼계탕 먹어 봤어요?
유리코 : 아뇨, (　　　　　　　　　　　　).
현　우 : 맛있어요. (　　　　　　　　　　　).

문화방

삼계탕과 복날（参鶏湯と伏日）

日本で土用の丑の日にうなぎを食べる風習があるように、韓国にも夏の복날（伏日）に、夏ばてをしないように暑気払いで滋養食を食べる習慣があります。伏日は旧暦なので毎年変わりますが、7月から8月にかけて全部で3回あります。それぞれ초복（初伏）、중복（中伏）、말복（末伏）と呼び、この3回を合わせて삼복（三伏）と言います。

복날に食べる定番の食べ物は삼계탕です。これは若鶏丸ごと一羽の腹を割いて、その中にもち米・ナツメ・高麗人参・松の実などを入れ、じっくり煮込んだ料理です。これに漢方の材料を加えた漢方サムゲタンもあります。漢方の町で知られている大邱の薬膳通り発祥の약전삼계탕は有名です。삼계탕のほかにも추어탕（ドジョウ汁〈鰍魚湯〉）보신탕（犬肉スープ〈補身湯〉、영양탕〈営養湯〉とも言う）なども滋養があって夏バテに効果があると言われ、よく복날に食べられています。

暑さがピークの日の복날に熱いスープを飲むことを不思議に思われるかもしれませんが、韓国では「以熱治熱（이열치열）」という四字熟語があり、食欲のない暑い夏に熱い料理を食べて、食欲不振などを治し元気を取り戻す、つまり、熱を以て熱を治すという考え方からきたものでしょう。

❖一言フレーズ

오늘이 복날인데 삼계탕 드셨어요?
（今日が伏日ですが、サムゲタン召し上がりましたか。）

第13課

부모님이 일본으로 여행을 가셨어요.

両親が日本へ旅行に行きました。

🔊69

学習内容
1 尊敬の過去形　～られた、～でいらっしゃった
2 助詞の尊敬形
3 動詞語幹 ＋ 아/어 드리다　お～する、～てさしあげる（謙譲）

(공항에서)

아야카 : 상준 씨, 여긴 웬일이세요?

상　준 : 부모님이 오늘 일본으로 여행을 가셨어요.
집이 많아서 여기까지 배웅해 드렸어요.

아야카 : 일본 어디로 가셨어요?

상　준 : 오사카로 가셨어요.
아야카 씨는 일본에 갔다 오셨어요?

아야카 : 네, 오랜만에 부모님과 친구들을 만나고 왔어요.

상　준 : 부모님께서 좋아하셨겠네요.

아야카 : 네, 두 분 다 정말 좋아하셨어요.

（空港で）

綾香：サンジュンさん、ここへはどうしたのですか。

相俊：両親が今日日本へ旅行に行きました。荷物が多いのでここまで見送りに来ました。

綾香：日本のどちらへ行かれましたか。

相俊：大阪へ行きました。綾香さんは日本に行ってこられたのですか。

綾香：はい、久しぶりに両親と友達に会って来ました。

相俊：ご両親が喜ばれたでしょうね。

綾香：はい、二人ともとても喜んでました。

語句の解説

▶ **여긴**：ここは。여기는の縮約形

▶ **웬일이세요?**：どうしたのですか。웬일はどうしたこと、何事。
웬일이세요?は予期していないことが起き、驚いたときの慣用表現としてよく使われます。

▶ **가셨어요**：行かれました。가＋셨어요（尊敬の過去形（해요体））

▶ **짐**：荷物

▶ **배웅해 드렸어요**：見送ってさしあげました。基 배웅하다（見送る）。
배웅하＋ 여 드리다（～てさしあげる、謙譲表現）

▶ **오랜만에**：久しぶりに。오래간만에の縮約形

▶ **－께서**：助詞 －가/이の尊敬形

▶ **좋아하셨겠네요**：喜ばれたでしょうね。좋아하다は好きだ、喜ぶ。
좋아하 ＋ 셨（尊敬過去）＋ 겠（推量）＋ 네요（感嘆）

▶ **다**：みんな、すべて

注意する発音

공항에서〔☞ 공항에서〕　☞ 終声「ㅇ」と初声「ㅇ」が続くときに、濁る発音にならないように注意しましょう。

例 강아지　カンアジ（○）　カンガジ（×）

웬일이세요〔☞ 웬니리세요〕 ㄴ挿 連

좋아하셨겠네요〔☞ 조아하셛껜네요〕 ㅎ弱 濃 鼻

文法・練習問題の単語

70

- **외출하다**［外出］する
- **전**［前］、以前
- **예전** 以前、昔
- **회장님** 会長、［会長－］
- **가르치다** 教える
- **우산** 傘、［雨傘］
- **알리다** 知らせる
- **수도**［首都］
- **안내하다**［案内］する
- **지난번** この前、前回
- **고등학교** 高校、［高等学校］
- **동대문**［東大門］（地名）
- **바꾸다** 換える
- **빌려 주다** 貸してあげる
- **나중에** 後で
- **들다** 持つ
- **찍다** 撮る
- **드리다** 差し上げる
- **시장**［市場］
- **환전하다** 両替する〈換銭－〉
- **세미나** セミナー
- **희망**［希望］

文法

1 尊敬の過去形　～られた、～でいらっしゃった

尊敬の過去形は、用言の場合、母音語幹には －셨다を、子音語幹には －으셨다をつけます。ただしㄹ語幹は「ㄹ」パッチムが脱落し、「－셨다」がつきます。指定詞（名詞文）の場合は、母音で終わる名詞には －셨다を、子音で終わる名詞には 이셨다をつけます。

> 尊敬過去は尊敬の「시」が「셨」になります

	基本形	尊敬過去形	합니다体（かしこまった尊敬過去）	해요体（うちとけた尊敬過去）
用言	오다（来る）	母音語幹＋**셨다** 오**셨다**	語幹＋**셨습니다** 오**셨습니다**	語幹＋**셨어요** 오**셨어요**
用言	살다（住む）	ㄹ語幹（ㄹ脱落）＋**셨다** 사**셨다**	語幹＋**셨습니다** 사**셨습니다**	語幹＋**셨어요** 사**셨어요**
用言	받다（もらう）	子音語幹＋**으셨다** 받**으셨다**	語幹＋**으셨습니다** 받**으셨습니다**	語幹＋**으셨어요** 받**으셨어요**
指定詞	교사이다（教師だ）	母音終わり名詞＋**셨다** 교사**셨다**	名詞＋**셨습니다** 교사**셨습니다**	名詞＋**셨어요** 교사**셨어요**
指定詞	회사원이다（会社員だ）	子音終わり名詞＋**이셨다** 회사원**이셨다**	名詞＋**이셨습니다** 회사원**이셨습니다**	名詞＋**이셨어요** 회사원**이셨어요**

● 疑問形は「－(으/이)셨습니까？」(합니다体) /「－(으/이)셨어요？」(해요体) になります。

● 特殊な尊敬（用言）の過去形

第 10 課で学習した特殊な尊敬（用言）の過去形は語幹の「시」が「셨」に変わります。

普通語	尊敬語	尊敬過去形	尊敬過去（합니다体）	尊敬過去（해요体）
있다（いる）*	계시다	**계셨다**	계셨습니다	계셨어요
없다（いない）*	안 계시다	**안 계셨다**	안 계셨습니다	안 계셨어요
먹다（食べる） 마시다（飲む）	드시다・ 잡수시다	**드셨다・ 잡수셨다**	드셨습니다・ 잡수셨습니다	드셨어요・ 잡수셨어요
자다（寝る）	주무시다	**주무셨다**	주무셨습니다	주무셨어요
죽다（死ぬ）	돌아가시다	**돌아가셨다**	돌아가셨습니다	돌아가셨어요

* p.105 参照。

2 助詞の尊敬形

韓国語には助詞にも目上の人に対して使う尊敬表現があります。

◆ −는/은（〜は）⇨ −**께서는**　　◆ −가/이（〜が）⇨ −**께서**

◆ −에게/한테（〜に）⇨ −**께**

例 사장님**께서는** 조금 전에 외출하셨습니다.（社長は少し前に外出しました。）

3 動詞語幹 ＋ 아/어 드리다　お〜する、〜てさしあげる（謙譲）

目上の人のために何かの行為を行う、してあげる（−아/어 주다）というときの謙譲表現です。

・안내하다（案内する）⇨ 안내**해 드리다**

・들다（持つ）⇨ 들**어 드리다**

例 제가 안내**해 드리겠습니다**.

（私がご案内いたします。）

가방을 들**어 드렸어요**.

（カバンをお持ちしました。）

주다（あげる）の謙譲語は
드리다（さしあげる）です。

練習問題

1．次の単語の意味を書き、尊敬の過去形に直してみましょう。

基本形	意味	尊敬過去 語幹＋(으)셨다 名詞＋(이)셨다	尊敬過去（합니다体） 語幹＋(으)셨습니까? 名詞＋(이)셨습니까?	尊敬過去（해요体） 語幹＋(으)셨어요? 名詞＋(이)셨어요?
① 오다	来る	오셨다	오셨습니까?	오셨어요?
② 끝나다				
③ 모르다				
④ 알다				
⑤ 보다				
⑥ 일어나다				
⑦ 좋다				
⑧ 재미있다				

⑨ 공부하다				
⑩ 자다＊				
⑪ 없다＊	いない			
⑫ 먹다＊				
⑬ 죽다＊				
⑭ 사장님이다				
⑮ 야구 선수이다	野球選手だ			

＊がついた用言の尊敬語は特殊な形です。

2. 例 のように尊敬の過去表現に直し、会話しましょう。

例 서울, 언제, 왔다 ⇨ 가 : 서울에는 언제 오셨어요?
(그저께) 나 : 그저께 왔어요.

（1）점심, 먹었다 ⇨ 가 : ?
(조금 전, 먹었다) 나 : 네,

（2）한국, 사진, 찍었다 ⇨ 가 : ?
(많이, 찍었다) 나 : 네,

（3）지난번, 여행, 좋았다 ⇨ 가 : ?
(정말, 좋았다) 나 : 네,

（4）어제, 몇 시, 잤다 ⇨ 가 : ?
(11 시, 잤다) 나 :

3. 次の文章を主語を変えて敬語表現に直してみましょう。

（1）진우 씨는 예전에 고등학교 교사였어요.
⇨ 할아버지 ( ) 예전에 고등학교 교사 ( ).

（2）그 얘기는 민영 씨가 지난번에 말했어요.
⇨ 그 얘기는 사장님 ( ) 지난번에 ( ).

（3） 친구에게 선물을 주었어요.

⇨ 할머니 (　　) 선물을 (　　　　　　　　).

（4） 시미즈 씨는 30 분 전에 외출했어요.

⇨ 회장님 (　　) 30 분 전에 외출 (　　　　　　　　).

4．例 のように会話文を完成してみましょう。

例 가 : 동대문시장에 가고 싶어요. (안내하다)
나 : 그럼 제가 안내해 드리겠습니다.

（1） 가 : 한국어를 배우고 싶어요. (가르치다)
나 :

（2） 가 : 일본 돈을 한국 돈으로 바꾸고 싶어요.(환전하다)
나 :

（3） 가 : 우산을 안 가지고 왔어요. (빌려 주다)
나 :

（4） 가 : 세미나 시간과 장소를 알고 싶어요. (알리다)
나 : 나중에

即！ 実践トレーニング

※ 次の文を韓国語で書いて言ってみましょう。

（1） 金先生はお宅にいらっしゃいませんでした。

（2） 先週はお忙しかったですか。

（3） 両親にプレゼントをあげました。

（4） 時間と場所は後でお知らせします。

チェックシート　助詞のまとめ

助詞		接続	用例	
1	～は 主題	母音＋**는**	저는	私は
		子音＋**은**	전공은	専攻は
		母・子音＋**께서는** （尊敬）	선생님께서는	先生は
2	～が 主格	母音＋**가**	친구가	友達が
		子音＋**이**	남동생이	弟が
		母・子音＋**께서** （尊敬）	사장님께서	社長が
3	～を 目的格	母音＋**를**	영화를	映画を
		子音＋**을**	책을	本を
4	～も　追加	母・子音＋**도**	저도	私も
5	～と 羅列	母音＋**와** 子音＋**과** （書き言葉的）	친구와 토요일과 일요일	友達と 土曜日と日曜日
		母・子音＋**하고** （話し言葉的）	친구하고	友達と
		母音＋**랑** 子音＋**이랑** （話し言葉的）	친구랑 여동생이랑	友達と 妹と
6	～に 所在・時間	母・子音＋**에**	어디에	どこに
			몇 시에	何時に
7	～に 対象（人・動物）	母・子音＋**에게** （書き言葉的）	남동생에게	弟に
		母・子音＋**한테** （話し言葉的）	남자 친구한테	ボーイフレンドに
		母・子音＋**께** （尊敬）	선생님께	先生に
8	～から 対象（人・動物）	母・子音＋**에게서** （書き言葉的）	남동생에게서	弟から
		母・子音＋**한테서** （話し言葉的）	친구한테서	友達から
9	～から　場所の起点	母・子音＋**에서**	학교에서	学校から
10	～から　時間・順序の起点	母・子音＋**부터**	아침부터	朝から
11	～まで 場所の到着点 時間の到着点	母・子音＋**까지**	회사까지	会社まで
		母・子音＋**까지**	저녁까지	夕方まで
12	～で　場所	母・子音＋**에서**	집에서	家で

13	～で 手段・方法・選択	母音 + **로**	버스로	バスで
		終声ㄹ + **로**	전철로	電車で
		子音 + **으로**	무엇으로	何で
14	～へ 方向	母音 + **로**	어디로	どこへ
		終声ㄹ + **로**	서울로	ソウルへ
		子音 + **으로**	오른쪽으로	右側へ
15	～より　比較	母・子音 + **보다**	저보다	私より
16	～の 所有・所属	母・子音 + **의** ＊発音は「에」	우리의 희망	私達の希望

練習問題

※ □ の中からに適切な助詞を選んで入れてみましょう。(重複不可)

> 은, 께서는, 이, 를, 을, 로, 으로, 에, 에서, 부터, 까지, 한테서, 께, 하고, 보다, 의

(1) 토요일과 일요일 (　　　) 학교에 안 갑니다.

(2) 여기서 왼쪽 (　　　) 가세요.

(3) 어제는 아침 (　　　) 저녁까지 도서관에서 공부했어요.

(4) 박선생님 (　　　) 서울에 사십니다.

(5) 저는 한국 음식 (　　　) 좋아해요.

(6) 집에서 학교 (　　　) 전철로 삼십 분 걸려요.

(7) 여자 친구 (　　　) 선물을 받았어요.

(8) 매일 아침 여섯 시 (　　　) 일어나요.

(9) 주말에 친구 (　　　) 같이 영화를 보러 갔어요.

(10) 남동생은 저 (　　　) 두 살 적어요.

(11) 일요일은 집 (　　　) 쉽니다.

(12) 결혼 선물 (　　　) 뭐가 좋아요?

(13) 지난주에 김선생님 (　　　) 메일을 보냈어요.

(14) 내일은 백화점에서 약속 (　　　) 있습니다.

(15) 한국 (　　　) 수도는 서울입니다.

(16) 점심 때 학교 앞에서 친구 (　　　) 만났어요.

第14課

조금 일찍 출발할까요?

少し早く出発しましょうか。

71

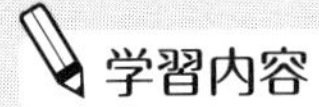

1 用言語幹 + (으)면　～れば、～たら、～と（仮定、条件）
2 用言語幹 + (으)니까　～から、～ので（理由）
3 用言語幹 + (으)ㄹ까요?　～ましょうか？（相談、勧誘）

다쿠야 : 요즘 날씨가 좋네요. 주말에 시간 있으면 공원에 같이 놀러 갈까요?

지　애 : 좋아요. 저도 공원에 가고 싶었어요.

다쿠야 : 주말엔 사람이 많으니까 조금 일찍 출발할까요?

지　애 : 네, 그게 좋겠어요.

다쿠야 : 그럼 9시에 공원 앞에서 만나요.

지　애 : 네, 좋아요.

다쿠야 : 아야카 씨한테도 연락해서 같이 갈까요?

지　애 : 아야카 씨 연락처 아세요?

다쿠야 : 네, 휴대폰 번호를 아니까 제가 전화해 보겠습니다.

琢也：最近、いいお天気ですね。週末時間があったら公園にいっしょに遊びに行きましょうか。
智愛：いいですよ。私も公園に行きたかったです。
琢也：週末は人が多いので少し早く出発しましょうか。
智愛：はい、それがいいですね。
琢也：では、9時に公園の前で会いましょう。
智愛：はい、いいですよ。
琢也：綾香さんにも連絡して一緒に行きましょうか。
智愛：綾香さんの連絡先、知っていますか。
琢也：はい、携帯番号を知っているので私が電話してみます。

語句の解説

▶ **있으면**：あったら。있＋(으)면（～たら、仮定）

▶ **갈까요?**：行きましょうか。가＋(으)ㄹ까요?（～しましょうか、勧誘）

▶ **공원**：［公園］

▶ **주말엔**：週末は。주말에는の縮約形

▶ **많으니까**：多いので。많＋(으)니까（～ので、理由）

▶ **출발할까요?**：出発しましょうか。(基)출발하다［出発－］。
출발하＋(으)ㄹ까요?（～しましょうか、相談）

▶ **－한테도**：～にも。한테도は主に話し言葉でよく使われます。同じ意味の助詞に「에게도」がありますが、こちらは話し言葉でも書き言葉でも使われます。

▶ **연락해서**：連絡して。(基)연락하다［連絡－］。연락하＋여서（～て、動作の先行）

▶ **연락처**：連絡先〈連絡処〉

▶ **휴대폰**：［携帯］電話。핸드폰、휴대전화とも言います。

▶ **아니까**：知っているので。
알（ㄹは脱落する）＋(으)니까（～ので、理由）

▶ **전화해 보겠습니다**：電話してみます。
전화하＋여 보다（～してみる、試み）、－겠は意志を表します。

注意する発音

좋네요〔☞ 존네요〕(鼻)
연락해서〔☞ 열라캐서〕(流)(激)
보겠습니다〔☞ 보겐씀니다〕(濃)(鼻)
좋겠어요〔☞ 조케써요〕(激)(連)
전화해〔☞ 저놔해〕(ㅎ弱)(連)

文法・練習問題の単語

🔊72

- **지하철**［地下鉄］
- **미터** メーター
- **사거리** 交差点〈四－〉
- **일주**［一周］
- **연기하다**［延期］する
- **동네** 町、村〈洞－〉
- **자주** しょっちゅう
- **조용히** 静かに
- **돌다** 曲がる
- **꽃집** 花屋
- **빨리** はやく
- **산책** 散歩、［散策］
- **외식**［外食］
- **몸** 体
- **창문** 窓〈窓門〉
- **바로** すぐ
- **세계**［世界］
- **도착하다**［到着］する
- **케이크** ケーキ
- **귀찮다** 面倒だ

文法

1 用言語幹 + (으)면　~れば、~たら、~と (仮定、条件)

仮定や条件を表す表現です。母音語幹・ㄹ語幹は「－면」、子音語幹は「－으면」をつけます。

例 시간이 있**으면** 영화를 보고 싶어요.　(時間があれば映画を見たいです。)

오른쪽으로 가**면** 지하철역이 있어요.　(右へ行くと地下鉄の駅があります。)

2 用言語幹 + (으)니까　~から、~ので (理由)

理由・原因を表す語尾です。第12課で学習した「語幹＋아/어서」も理由を表しますが、**後文が命令・勧誘表現の場合は、必ず「－(으)니까」を使います。**ㄹ語幹はㄹ脱落して니까がつきます。指定詞「－이다」は語幹に「니까」がつき「－이니까」になります。ただ母音で終わる名詞は「이」が省略されます。終結語尾「요」(第8課参照) をつけた「－(으)니까요」は「~からです」という意味になります。

・母音語幹	＋**니까**	바쁘다 (忙しい)	바쁘＋니까	→ 바쁘**니까**
・ㄹ語幹 (ㄹ脱落して)	＋**니까**	살다 (住む)	사＋니까	→ 사**니까**
・子音語幹	＋**으니까**	있다 (ある)	있＋으니까	→ 있**으니까**

例 오늘은 바쁘**니까** 내일 만나요.　(今日は忙しいので明日会いましょう。)

도서관**이니까** 조용히 하세요.　(図書館なので静かにしてください。)

내일부터 휴가**니까** 놀러 오세요.　(明日から休暇なので遊びにきてください。)

3 用言語幹 + (으)ㄹ까요?　~ましょうか (相談、勧誘)

何かを決めるため相手の意向・意見を尋ねたり、提案・相談する時に使います。主語が3人称の場合は、推測の意味になります。主に話し言葉で使われます。

・母音語幹	＋**ㄹ까요?**	타다 (乗る)	탈＋까요?	→ **탈까요**?
・ㄹ語幹 (ㄹ脱落して)	＋**ㄹ까요?**	열다 (開ける)	여＋ㄹ까요?	→ **열까요**?
・子音語幹	＋**을까요?**	좋다 (良い)	좋＋을까요?	→ **좋을까요**?

例 창문을 **열까요?** (열다)　(窓を開けましょうか。)

내일 비가 **올까요?** (오다)　(明日雨が降るでしょうか。)

練習問題

1．A、B、Cに（1）～（3）の言葉を入れ替えて言ってみましょう。

가：(　　A　　)는/은 어디에 있어요?
나：(　　B　　)(으)면 (　　C　　)아/어요.

（1）A：영화관
　　B：300 미터쯤 가다
　　C：오른쪽에 있다
（2）A：백화점
　　B：저기서 왼쪽으로 돌다
　　C：바로 앞에 보이다
（3）A：서점
　　B：사거리에서 오른쪽으로 돌다
　　C：꽃집 옆에 있다

2．例のように2つの文を－(으)면でつなげて、訳してみましょう。

例 시간과 돈이 있다. 세계일주를 하고 싶어요.
⇨ 시간과 돈이 있으면 세계일주를 하고 싶어요.
（訳：時間とお金があれば、世界一周をしたいです。）

（1）일이 빨리 끝나다. 같이 저녁 먹으러 가요.
⇨
（訳：　　　　　　　　　　　　　　　　　　　　）
（2）서울에 오시다. 꼭 연락 주세요.
⇨
（訳：　　　　　　　　　　　　　　　　　　　　）
（3）오늘 바쁘지 않다. 같이 저녁 먹읍시다.
⇨
（訳：　　　　　　　　　　　　　　　　　　　　）

（4）공항에 도착하다. 전화 주세요.

⇨

（訳：　　　　　　　　　　　　　　　　　　　　　　　　　　　　）

3．例 のように二つの語句を「-(으)니까」と「-(으)ㄹ까요?」を使って一文にして訳してみましょう。

例 시간이 없다 / 택시를 타다
⇨ 시간이 없으니까 택시를 탈까요?
（訳：時間がないのでタクシーに乗りましょうか。）

（1）이번 주는 바쁘다 / 다음 주로 연기하다

⇨

（訳：　　　　　　　　　　　　　　　　　　　　　　　　　　　　）

（2）여기는 제가 잘 알다 / 안내하다

⇨

（訳：　　　　　　　　　　　　　　　　　　　　　　　　　　　　）

（3）날씨가 좋다 / 산책을 가다

⇨

（訳：　　　　　　　　　　　　　　　　　　　　　　　　　　　　）

（4）내일 시험이다 / 같이 공부하다

⇨

（訳：　　　　　　　　　　　　　　　　　　　　　　　　　　　　）

4．質問に（　　）の語句を「-(으)니까요」に変えて答えてみましょう。

（1）가：케이크를 또 먹어요?（맛있다）

나：

（2）가：이 동네 정말 잘 아시네요.（예전에 살았다）

나：

（3）가：요즘 외식을 자주 하네요.（몸도 피곤하고 귀찮다）

나：

（4）가：왜 밤 늦게까지 공부를 해요?（내일이 시험이다）

나：

◎ ㄹ語幹のまとめ

①ㄹ語幹は母音子音と分けて使う語尾（例えば「－면/으면」や「－ㅂ니다/습니다」など）は、母音語幹の方に接続します。

만들다 ： 만들면（○） 만들으면（×） ／ 만듭니다（○） 만들습니다（×）

②－ＳＰＯｒＮ（スポーン）の法則－

「ㅅ（S）／ㅂ（P）／오（O）*／ㄹ（r・終声のみ）*／ㄴ（N）」で始まる語尾の前で、ㄹパッチムは脱落します。

	－세요	－ㅂ니다	－오	－ㄹ까요?	－니까
만들다	만드세요	만듭니다	만드오	만들까요?	만드니까

*叙述・疑問・命令の場合に用いる終結語尾　－오は現代語ではあまり使われません。

*初声のㄹで始まる語尾の前では、ㄹは脱落しません。

例 놀러 갑니다.　（遊びに行きます。）

即！実践トレーニング

※次の文を韓国語で書いて言ってみましょう（文末自由）。

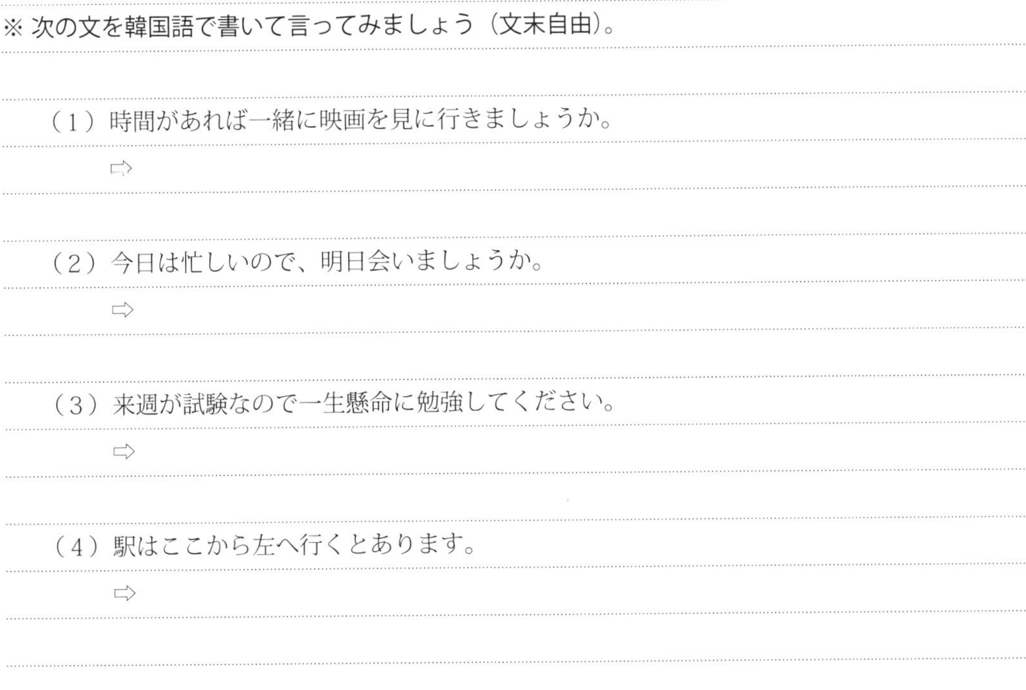

（1）時間があれば一緒に映画を見に行きましょうか。

⇨

（2）今日は忙しいので、明日会いましょうか。

⇨

（3）来週が試験なので一生懸命に勉強してください。

⇨

（4）駅はここから左へ行くとあります。

⇨

第15課

한번 먹어 봐도 돼요?

一度食べてみてもいいですか。

🔊73

学習内容

1 動詞語幹 + (으)ㄹ래요(?)　~します（意志）、~しますか（意向、勧誘）
2 用言語幹 + 지만　~が、~けれども（逆接）
3 ① 用言語幹 + 아/어도 되다　~てもいい（許可）
　② 用言語幹 + (으)면 안 되다　~てはいけない（禁止、不許可）

동　민 : 뭘 시킬까요?
아야카 : 저는 물냉면으로 할래요.
동　민 : 저는 비빔냉면을 먹을래요.
아야카 : 비빔냉면은 맵지 않아요?
동　민 : 맵지만 맛있어요. 저기요, 여기 물냉면 하나하고 비빔냉면 하나 주세요.
(비빔냉면을 보고)
아야카 : 우와, 정말 맵겠어요. 한번 먹어 봐도 돼요?
동　민 : 네, 먹어 보세요.
아야카 : 정말 맵네요.

東民：何を頼みましょうか。
綾香：私は水冷麺にします。
東民：私はビビム冷麺を食べます。
綾香：ビビム冷麺は辛くないですか。
東民：辛いけどおいしいです。すみません。ここ水冷麺一つとビビム冷麺一つください。
（ビビム冷麺を見て）
綾香：うわ、本当に辛そうです。一度食べてみてもいいですか。
東民：はい、食べてみてください。
綾香：本当に辛いですね。

語句の解説

- ▶ **시킬까요?**：頼みましょうか、注文しましょうか。㊍시키다。
  시키＋(으)ㄹ까요?（～しましょうか、相談）
- ▶ **물냉면**：水［冷麺］。日常では「물냉」と略して使うこともあります。
- ▶ **할래요**：します。 하＋(으)ㄹ래요（～します、意志）
- ▶ **비빔냉면**：ビビム［冷麺］。日常では「비냉」と略して使うこともあります。
- ▶ **먹을래요**：食べます。 먹＋(으)ㄹ래요（～します、意志）
- ▶ **맵지만**：辛いけど。㊍맵다。맵＋지만（～けれども、逆接）
- ▶ **저기요**：あの～、すみません。「여기요」とも言います。
- ▶ **하나**：一つ。お店で注文するときには助数詞を省略して使うことが多いです。
- ▶ **주세요**：ください。㊍주다（くれる）。주＋(으)세요（丁寧な命令）
- ▶ **먹어 봐도 돼요?**：食べてみてもいいですか。
  먹어 보＋아/어도 돼요?（～てもいいですか、許可）

注意する発音

물냉면〔☞ 물랭면〕㊋
맵지만〔☞ 맵찌만〕㊌
맵겠어요〔☞ 맵께써요〕㊌㊎
맵네요〔☞ 맴네요〕㊏

한국어と한국말の違い

한국어：韓国語（漢字語）、主に言語として呼ぶとき。
한국말：韓国の言葉（漢字語＋固有語）
　　　一般的には会話でよく使われます。

例 학교에서 한국어를 공부합니다.
（学校で韓国語を勉強しています。）
한국말로 말해 주세요.
（韓国語で話してください。）

文法・練習問題の単語

🔊74

- **전** 私は（저는の縮約）
- **피우다** 吸う
- **편리하다**［便利］だ
- **물건** 品物〈物件〉
- **주차하다**［駐車］する
- **남기다** 残す
- **생활**［生活］
- **불편하다**［不便］だ
- **평일**［平日］
- **바다** 海
- **마음에 들다** 気に入る
- **한국말**［韓国］語
- **금지**［禁止］
- **세우다** 停める
- **외박**［外泊］
- **밤** 夜
- **담배** タバコ
- **교통**［交通］
- **값** 値段
- **열심히** 一生懸命に、［熱心－］
- **밥** ご飯
- **기숙사** 寮、［寄宿舎］
- **규칙**［規則］
- **이후**［以後］

文法

1 動詞語幹 ＋(으)ㄹ래요(?)　～します（意志）、～しますか（意向、勧誘）

叙述文は自分の意志をわりと積極的に言うときに、疑問文は相手の意向を尋ねたり、相手に提案したり、誘ったりするときに使います。話し言葉でよく使われますが、目上の人にはあまり使いません。第14課の「-(으)ㄹ까요?」が相手と何か決めるときに自分を含めて相手の意向を聞くのに対して、「-(으)ㄹ래요?」は単に相手の意向を尋ねることに重点をおいた表現です。

・母音語幹	＋ ㄹ래요	가다（行く）	가＋ㄹ래요	→ **갈래요**
・ㄹ語幹（ㄹ脱落して）	＋ ㄹ래요	살다（住む）	사＋ㄹ래요	→ **살래요**
・子音語幹	＋ 을래요	먹다（食べる）	먹＋을래요	→ **먹을래요**

例 뭐 마실**래요?**　　（何を飲みますか。）
전 커피 마실**래요.**　（私はコーヒーを飲みます。）

2 用言語幹 ＋ 지만　～が、～けれども（逆接）

過去形や未来意志形（-겠）の後にもつきます。指定詞「-이다」は語幹に「지만」がつき「-이지만」になりますが、母音で終わる名詞は「이」が省略されます。

例 한국어는 어렵**지만** 재미있어요.（韓国語は難しいけれども、おもしろいです。）
평일**이지만** 사람이 많아요.　　（平日ですが、人が多いです。）

3 ① 用言語幹 ＋ 아/어도 되다　～てもいい（許可）
② 用言語幹＋ (으)면 안 되다　～てはいけない（禁止、不許可）

①「～してもいい」という許可を表す表現は、用言の語幹末が陽母音の場合は「-아도 되다」を、陰母音の場合は「-어도 되다」をつけます。되다の합니다体は됩니다、해요体は돼요です。

②「～してはいけない」という禁止・不許可の場合は「-(으)면 안 되다」を用います。

☞「-(으)면」のつけかたは第14課参照

例 가：여기에 앉**아도 됩니까?**　　（ここに座ってもいいですか。）
나：네, 앉**아도 돼요.**　　　（はい、座ってもいいです。）
가：여기서 담배를 피**워도 돼요?**（ここでタバコを吸ってもいいですか。）
나：아뇨, 여기서 담배를 피우**면 안 됩니다.**
（いいえ、ここでタバコを吸ってはいけません。）

練習問題

1．「-(으)ㄹ래요?」を用いて会話を完成してみましょう。

例 가：조금 쉴래요?（조금 쉬다）
나：네, 좋아요.（좋다）

（1）가：　（학교 앞에서 만나다）
나：　（그렇게 하다）

（2）가：　（토요일 오후에 같이 쇼핑하다）
나：　（미안하다, 약속이 있다）

（3）가：　（11시에 만나서 점심을먹다）
나：　（좋다）

（4）가：　（같이 바다 보러 가다）
나：　（저도 가고 싶었다）

2．例のように「-지만」を用いて２つの語句をつなげて、訳してみましょう。（文末해요体）

例 한국 음식은 맵다 / 맛있다
⇨ 한국 음식은 맵지만 맛있어요.
（訳：韓国の食べ物は辛いけど、おいしいです。）

（1）집에서 멀다 / 교통은 편리하다
⇨
（訳：　）

（2）이 가방은 마음에 들다 / 비싸다
⇨
（訳：　）

（3）값은 싸다 / 물건이 별로 안 좋다

⇨

(訳：　　　　　　　　　　　　　　　　　　　　　　　　　　　　　　　　　)

（4）한국말은 어렵다 / 열심히 하겠다

⇨

(訳：　　　　　　　　　　　　　　　　　　　　　　　　　　　　　　　　　)

（5）주말이다 / 학교에 가다

⇨

(訳：　　　　　　　　　　　　　　　　　　　　　　　　　　　　　　　　　)

3. 例 のように与えられた語句を許可を求める表現に直し、○の時は「はい」、× の時は「いいえ」で答えてみましょう。

> 例 여기에 주차하다 (×)
> 가 : 여기에 주차해도 돼요?
> 나 : 아뇨, 여기에 주차하면 안 돼요.

（1）여기서 사진을 찍다 (×)

가 :

나 :

（2）밥을 남기다 (○)

가 :

나 :

（3）세미나에 안 가다 (○)

가 :

나 :

（4）여기에 자전거를 세우다 (×)

가 :

나 :

即！実践トレーニング

※音声を聞いて内容と一致するものには○を、一致しないものには × をつけてみましょう。 75

（1）기숙사 생활은 재미없습니다.（　）

（2）기숙사에는 11시 이후에 들어가도 됩니다.（　）

（3）아침 시간은 7시 반부터입니다.（　）

（4）평일도 외박을 해도 됩니다.（　）

문화방　한국의 결혼식（韓国の結婚式）

日本では結婚式の数カ月前から出欠の確認をとりますが、韓国では出欠の確認は要りません。だから面倒な席決めもありません。気軽に招待し、気軽に参加できるのが韓国の結婚式です。参加者はドレスアップしなくても大丈夫です。清潔な服装であれば問題ありません。式場についたら入り口の前に受付と記帳台があるので、そこで名前を記入し、お祝いを渡し、中に入ります。座る席は、基本的に新郎側と新婦側の２つに分かれており、新郎側の知り合いならば新郎側の席に座ります。

ウェディングドレスでの洋風の挙式後、花嫁が嫁ぎ先の家族に挨拶する「폐백（幣帛）」が行われます。幣帛の衣装は韓服（チマ・チョゴリ）とは違った伝統衣装です。新婦は幣帛衣装に着替えてから頬に赤い丸印をつけますが、これは邪気を払うためのものであると同時に、きれいな体と心を象徴するもので、花嫁だけに許されるものです。新郎新婦が舅、姑をはじめとする新郎の家族に挨拶を終えると、舅、姑は多産を象徴する栗とナツメを新郎新婦に投げ、新郎新婦はそれを布で受け取ります。また新婦がナツメをくわえてそれを新郎と分けて食べる風習がありますが、面白いことに、ナツメの種を口に入れた方が家庭内の主導権を握ると言われています。

第16課

경복궁에 가려고 합니다.

景福宮に行こうと思います。

76

学習内容

1 動詞語幹 + (으)려고 하다　~しようと思う（意図）
2 動詞語幹 + 아/어 주세요　~てください（丁寧な依頼）
3 用言語幹 + (으)면 되다　~ればいい（助言）

다쿠야：지애 씨, 오늘 경복궁에 가려고 합니다.
미안하지만 길 좀 가르쳐 주세요.
지　애：지하철 3호선을 타고 경복궁역에서 내리면 돼요.
다쿠야：역에서 경복궁까지 걸어서 얼마나 걸려요?
지　애：5번출구로 나가면 바로 보여요.
다쿠야：경복궁 주변에 가볼만한 곳이 있어요?
지　애：네, 아주 많아요. 근처에 인사동도 있어요.
다쿠야：인사동은 어떻게 가면 돼요?
지　애：저어, 다쿠야 씨, 괜찮으면 같이 갈까요?
다쿠야：정말요? 고마워요.

琢也：チエさん、今日、景福宮に行こうと思います。
すみませんが、道をちょっと教えてください。
智愛：地下鉄３号線に乗って景福宮駅で降りればいいです。
琢也：駅から景福宮まで歩いてどれぐらいかかりますか。
智愛：５番出口へ出ればすぐ見えます。
琢也：景福宮の近くに行ってみるべきところがありますか。
智愛：はい、とても多いですよ。近くに仁寺洞もあります。
琢也：仁寺洞はどうやって行けばいいですか。
智愛：あのう、琢也さん、良かったら一緒に行きましょうか。
琢也：本当ですか。ありがとうございます。

語句の解説

- ▶ **경복궁**：[景福宮]。朝鮮王朝の王宮
- ▶ **가려고 합니다**：行こうと思います。
  가+(으)려고 합니다（～しようと思います、意図）
- ▶ **미안하지만**：すみませんが。미안하+지만（～が、逆説）
- ▶ **가르쳐 주세요**：教えてください
  가르치+아/어 주세요（～してください、依頼）
- ▶ **3호선**：3［号線］
- ▶ **내리면 돼요**：降りればいいです。㊣내리다。
  내리+(으)면 돼요（～ればいいです、助言）
- ▶ **걸어서**：歩いて。㊣걷다。
  ㄷ不規則用言ですが、ここではこのまま丸暗記して使うようにしましょう。
- ▶ **출구**：［出口］⇔ 입구［入口］
- ▶ **나가면**：出れば。㊣나가다（出る、出かける、出て行く）。
  나가+(으)면（～ば、仮定）
- ▶ **주변**：［周辺］
- ▶ **가볼만한 곳**：行ってみるだけの価値があるところ
- ▶ **가면 돼요**：行けばいいです。
  가+(으)면 돼요（～ればいいです、助言）

注意する発音

경복궁역에서〔☞ 경복꿍녀게서〕濃 ㄴ挿 連
기볼만한 곳〔☞ 가볼마난곳〕ㅎ弱 連
괜찮으면〔☞ 괘차느면〕ㅎ弱 連
정말요〔☞ 정말료〕ㄴ挿 流

文法・練習問題の単語

🔊77

- **미국** アメリカ〈美国〉
- **조금만** 少しだけ
- **올해** 今年
- **고백하다**［告白］する
- **등산**［登山］
- **켜다** つける
- **정도**［程度］
- **해운대**［海雲台］(地名)
- **유학**［留学］
- **깎다**（値段を）まける
- **목표**［目標］
- **겨울** 冬
- **열다** 開ける
- **서류**［書類］
- **졸업**［卒業］
- **이용하다**［利用］する
- **카드** カード
- **보이다** 見せる
- **－씩** ～ずつ
- **방학**（学校の）長期休み〈放学〉
- **에어컨** エアコン
- **－인분** ～人前、［一人分］
- **자갈치시장** チャガルチ［市場］(地名)

文法

1 動詞語幹 +(으)려고 하다　~しようと思う(意図)

母音語幹・ㄹ語幹には「-려고 하다」子音語幹には「-으려고 하다」を接続して、話し手の意図や予定を表わします。

例 미국에 유학을 가**려고 해요**.　(アメリカに留学に行こうと思います。)
카드를 만들**려고 합니다**.　(カードを作ろうと思います。)
아르바이트를 찾**으려고 해요**.　(アルバイトを探そうと思います。)

2 動詞語幹 + 아/어 주세요　~てください(丁寧な依頼)

해요体の요を取った形(連用形)に주세요(ください)を合わせると、相手に丁寧に頼む表現になります。

例 저기 호텔 앞에서 세**워 주세요**.　(あそこのホテルの前で止めてください。)
조금만 깎**아 주세요**.　(少しだけまけてください。)
메뉴 좀 보**여 주세요**.　(ちょっとメニューを見せてください。)

「좀」は「조금(少し)」の縮約形ですが、何かをお願いするときに使うとソフトな雰囲気になります。日本語の「ちょっと~してください」のような役割をします。

例えば、「すみません、こちらにキムチをください」と言うときに、「**저기요, 여기 김치 주세요.**」より「**저기요, 여기 김치 좀 주세요.**」のほうがやわらかく伝わります。目的格助詞(를/을)は省略して使います。

●「좀」は日本語と違い韓国語では名詞の後、用言の前に来るので注意してください。

3 用言語幹 +(으)면 되다　~ればいい(助言)

平叙文の場合は相手に助言するとき、疑問文の場合は適当な方法や助言を求めたりするときの表現です。母音語幹・ㄹ語幹には「-면 되다」子音語幹には「-으면 되다」を接続します。

例 56 번 버스를 타**면 돼요**.　(56番バスに乗ればいいです。)
몇 시까지 가**면 돼요**?　(何時までに行けばいいですか。)

練習問題

1. 例 のように「-(으)려고 해요」を使って質問に答えてみましょう。

例（매일 한 시간씩 한국어 공부를 하다）

가 : 올해 목표는 뭐예요?

나 : 매일 한 시간씩 한국어 공부를 하려고 해요.

（1）（오늘은 피곤해서 집에서 쉬다）

가 : 오늘 뭐 해요?

나 :

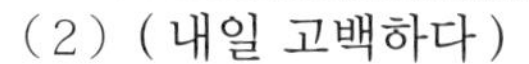

（2）（내일 고백하다）

가 : 여자 친구한테 고백했어요?

나 : 아뇨,

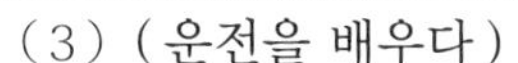

（3）（운전을 배우다）

가 : 겨울방학 때 뭐 해요?

나 :

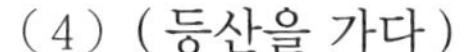

（4）（등산을 가다）

가 : 이번 주 토요일에 뭐 해요?

나 :

2. 例 のように「좀 -아/어 주세요」を使って丁寧な依頼表現に変えてみましょう。

例 사진을 찍다

⇨ 미안하지만 사진 좀 찍어 주세요.

（1）창문을 열다

⇨

（2）연락을 하다

⇨

（3）에어컨을 켜다

⇨

（4）길을 가르치다

⇨

3．例 のように「−(으)면 돼요」を使って質問に答えてみましょう。

例 가：이 서류는 언제까지 보내면 돼요?（모레）
나：모레까지 보내면 돼요.

（1）가：몇 시까지 가면 돼요?（오후 5 시까지 오다）
나：

（2）가：어디로 연락하면 돼요?（여기）
나：

（3）가：음식은 얼마나 만들면 돼요?（4인분 정도）
나：

（4）가：면접 때는 뭘 입으면 돼요?（정장）
나：

4．次の文を韓国語で書いて言ってみましょう。

（1）卒業したら留学に行こうと思います。

（2）歩いてどれぐらいかかりますか。

（3）ちょっとそのカバンを見せてください。

（4）そこまでどうやって行けばいいですか。

即！ 実践トレーニング 

※音声を聞いて（　　　　　）に韓国語を書き入れてみましょう。 78

마리코：다음 주에 (　　　　　　　　).

진　우：그래요? 제 고향이 부산이에요.

마리코：그럼 부산에서 가볼만한 곳이 있으면 (　　　　　　).

진　우：자갈치시장하고 해운대가 유명해요.

마리코：(　　　　　　　　)?

진　우：지하철을 (　　　　　　　　).

마리코：자갈치시장에서 해운대까지 (　　　　) 걸려요?

진　우：지하철로 (　　　　　　) 걸려요.

문화방　한국의 병역제도（韓国の兵役制度）

韓国は南北分断の事情により、男性には兵役義務が課せられています。満18歳から満19歳までの間に徴兵検査を受け、健康状態で判定された等級によって兵役期間や免除などが決まります。スポーツ選手はオリンピックなどで優秀な成績を収めた場合、兵役が免除される場合もあります。徴兵検査後にすぐに軍隊に行くのではなく、それぞれの事情により延期も可能です。しかし29歳までには入隊しなければなりません。兵役期間は大体2年ほどです。

兵役の義務を済ませていない恋人同士にとって、この2年間は試練の時期です。兵役中に別の人と付き合うことを「ゴムの靴を逆さに履いた（고무신을 거꾸로 신었다）」と言います。これは、浮気相手とのことがばれそうになった妻が、急いだあまりゴム靴を逆さに履いて逃げたという話から転じた表現です。昔は主に男性が軍隊に行った後、女性の方が고무신を逆さに履いたのですが、最近は反対で軍隊で揉まれ、人生に対する考え方が変わった男性から別れを告げることが多くなったそうです。

第17課

너무 바빠서 연락도 못 했네요.

とても忙しくて連絡もできませんでしたね。

79

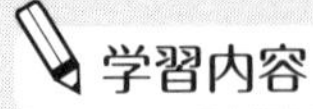

1 으不規則用言
2 못 + 動詞、用言語幹 + 지 못하다　~できない（不可能）
3 用言語幹 + 기 때문에 / 名詞 + 때문에　~ので / ~のせいで（理由、原因）

다쿠야 : 지애 씨, 오래간만이에요.
그동안 어떻게 지내셨어요?
지　애 : 지난달에 취직했어요.
다쿠야 : 그래요? 잘됐네요. 회사 생활은 어때요?
지　애 : 아직 적응이 안 돼서 좀 힘들어요.
다쿠야 : 일이 많이 바빠요?
지　애 : 네, 너무 바빠서 연락도 못 했네요.
다쿠야 씨는 잘 지내셨어요?
다쿠야 : 저도 시험 준비 때문에 좀 바빴어요.
지난주 연휴에도 아무 데도 못 갔어요.

琢也：チエさん、久しぶりです。
これまでの間、どうお過ごしでしたか。
智愛：先月就職しました。
琢也：そうですか。良かったですね。
会社の生活はどうですか。
智愛：まだ慣れてなくて少し大変です。
琢也：仕事がとても忙しいですか。
智愛：はい、とても忙しくて連絡もできませんでしたね。琢也さんはお元気でしたか。
琢也：私も試験準備のためにちょっと忙しかったです。先週の連休もどこへも行けませんでした。

語句の解説

- ▶ **그동안**：その間、これまでの間、今まで
- ▶ **어떻게**：どのように
- ▶ **지내셨어요?**：お過ごしでしたか。㊣지내다
- ▶ **취직했어요**：就職しました。㊣취직하다［就職ー］
- ▶ **잘됐네요**：良かったですね。㊣잘되다（うまくいく、うまく出来る）。잘됐＋네요（～ですね、感嘆、詠嘆）
- ▶ **적응**：［適応］。적응이 안 되다は慣れないという意味になります。
- ▶ **바빠요(?)**：忙しいです（か）。㊣바쁘다。으不規則用言です。
- ▶ **너무**：とても
- ▶ **바빠서**：忙しくて。바쁘 ＋아/어서（～て、理由）。
- ▶ **연락도 못 했네요**：連絡もできませんでしたね。못は不可能形
- ▶ **잘 지내셨어요**：お元気でしたか。잘はよく、元気に。直訳すると「元気に過ごされましたか」です。
- ▶ **준비 때문에**：準備のため。준비は［準備］。때문에は「～のため」
- ▶ **바빴어요**：忙しかったです。

注意する発音

취직했어요〔☞ 취지캐써요〕㊣激 ㊣連
못 했네요〔☞ 모탠네요〕㊣激 ㊣鼻
잘됐네요〔☞ 잘됀네요〕㊣鼻
연휴에도〔☞ 여뉴에도〕ㅎ弱 ㊣連

 文法・練習問題の単語

🔊 80

- **쓰다** 書く
- **감기** 風邪〈感気〉
- **잘하다** 上手だ
- **병원**［病院］
- **기쁘다** 嬉しい
- **크다** 大きい
- **배** お腹
- **캠핑** キャンプ
- **갑자기** 急に
- **외국**［外国］
- **하루 종일** 一日中〈一終日〉
- **따르다** 従う
- **감기에 걸리다** 風邪を引く
- **잘 못하다** 上手ではない
- **아프다** 痛い
- **잘생기다** ハンサムだ
- **키가 크다** 背が高い
- **상**［賞］
- **회의**［会議］
- **손님** お客さん
- **서로** 互いに
- **들르다** 立ち寄る
- **못하다** できない、下手だ
- **두통**［頭痛］
- **슬프다** 悲しい
- **키** 背
- **인기***［人気］
- **일기**［日記］
- **모임** 集まり
- **깨끗이** きれいに
- **눈** 雪

*인기〔인끼〕と発音する

文法

1 으不規則用言

韓国語には普通の形とは違う結合のしかたをする不規則用言があります。으不規則には語幹が「ㅡ」で終わる用言の大部分が属します（르語幹は除く *）。으不規則用言は後ろに −아/어で始まる語尾が続くと、「ㅡ」が脱落し、「ㅡ」の前の母音が陽母音は아を、陰母音は어を、語幹１音節（子音）のみ残った場合は어をつなげます。

基本形	으脱落語幹＋아/어요	해요体
바쁘다 （忙しい）	**바ㅃ** ＋ **아요**（「ㅡ」脱落し前の母音が陽母音 ＋ **아요**）	바빠요 （忙しいです）
예쁘다 （可愛い）	**예ㅃ** ＋ **어요**（「ㅡ」脱落し前の母音が陰母音 ＋ **어요**）	예뻐요 （可愛いです）
쓰다 （書く）	**ㅆ** ＋ **어요**（「ㅡ」脱落し語幹１音節のみ ＋ **어요**）	써요 （書きます）

＊語幹が「르」で終わる用言はほとんど르不規則活用をしますが、따르다（従う）、들르다（立ち寄る）などは、으不規則活用をするので注意しましょう。

例 잠깐 서점에 들렀어요.　（ちょっと本屋に立ち寄りました。）
따라 읽으세요.　（(あとに) ついて読んでください。）

2 못＋動詞、用言語幹＋지 못하다　〜できない（不可能）

できないという不可能を表わす表現には、（１）動詞の前に「못」をつける方法と、（２）用言語幹に「−지 못하다」をつける２つの方法があります。（１）は話し言葉でよく使われます。

（１）못 ＋ 動詞

하다動詞の不可能形は通常「하다」の前に「못」を入れます。

基本形	못 ＋ 動詞	합니다体	해요体	過去形（해요体）
가다（行く）	**못** 가다	**못** 갑니다	**못** 가요	**못** 갔어요
먹다（食べる）	**못** 먹다	**못** 먹습니다	**못** 먹어요	**못** 먹었어요
연락하다 （連絡する）	연락 **못** 하다	연락 **못** 합니다	연락 **못** 해요	연락 **못** 했어요

例 감기에 걸려서 **못** 가요.　　(風邪を引いて行けません。)
바빠서 전화 **못** 했어요.　　(忙しくて電話できませんでした。)

分かち書きをしない「**못하다**」は「できない、下手だ」という意味になります。
잘하다：上手だ　　**잘 못하다**：あまり上手ではない

（2）用言語幹 ＋ 지 못하다

基本形	語幹＋지 못하다	語幹＋지 못합니다（합니다体）	語幹＋지 못해요（해요体）	語幹＋지 못했어요（過去・해요体）
타다（乗る）	타**지 못하다**	타**지 못합니다**	타**지 못해요**	타**지 못했어요**
찾다（探す）	찾**지 못하다**	찾**지 못합니다**	찾**지 못해요**	찾**지 못했어요**

例 술은 마시**지 못합니다**.（お酒は飲めません。）
서류를 보내**지 못했어요**.（書類を送れませんでした。）

☞ 不可能を表す「못」は日常で良く使われますが、発音の変化が起きるので注意しましょう。

例 못 가요.［몬까요］　濃音化　　　못 먹어요.［몬머거요］　鼻音化
못 해요.［모태요］　激音化　　　못 옵니다.［모돔니다］　連音化*

＊못の次に初声「ㅇ」が来るときは「ㅅ」の代表音「ㄷ」の音になり、連音化します。

3 用言語幹 ＋ 기 때문에　～から、～ので（理由、原因）
名詞 ＋ 때문에　～のために、～のせいで

理由や原因を表わすやや固い表現で、命令文や勧誘文では使えません。用言の場合は語幹に－기 때문에をつけますが、指定詞「－이다」は母音で終わる名詞は「이」を省略します。過去の事柄のときは「－았 / 었기 때문에」になります。また、名詞＋**때문에**は「～のせいで、～のため」という意味で、その結果として良くないことになる場合が多いです。

例 비가 많이 왔**기 때문에** 아무 데도 안 갔습니다.
（雨がたくさん降ったのでどこへも行きませんでした。）
한국 사람**이기 때문에** 김치를 좋아합니다.
（韓国人なのでキムチが好きです。）
두통 **때문에** 병원에 갔습니다.
（頭痛のため、病院へ行きました。）

練習問題

1．次の用言の意味を書き、活用してみましょう。

	意味	-ㅂ니다	-지만	-아/어서	-아/어요
① 아프다					
② 예쁘다					
③ 슬프다					
④ 기쁘다					
⑤ 쓰다					

2．例のように2つの語句をつなげて一文にしてみましょう（文末해요体）。

例 영화가 너무 슬프다 / 울었다
⇨ 영화가 너무 슬퍼서 울었어요.

（1）제 남자 친구는 잘생기고 키가 크다 / 인기가 많다
⇨

（2）아침을 안 먹다 / 너무 배가 고프다
⇨

（3）상을 받다 / 정말 기쁘다
⇨

（4）머리가 아프다 / 병원에 갔다
⇨

3．次の用言の意味を書き、不可能形に直してみましょう。

	意味	못 – (합니다体)	못 – (해요体)	못 – (過去形（해요体）)	–지 못하다 (합니다体)
① 오다	来る	못 옵니다	못 와요	못 왔어요	오지 못합니다
② 만나다					
③ 먹다					
④ 마시다					
⑤ 연습하다					
⑥ 보내다					
⑦ 일어나다					

4．例 のように与えられた語句を理由・原因の「–아서/어서」を用いて質問に不可能形で答えてみましょう。

例 가 : 왜 캠핑을 안 갔어요?　　（비가 오다）
나 : 비가 와서 못 갔어요.

（1）가 : 왜 전화 안 했어요?　　（회의가 있다）
나 :

（2）가 : 왜 어제 모임에 안 왔어요?　（갑자기 배가 아프다）
나 :

（3）가 : 왜 이 가방 안 사요?　　（비싸다）
나 :

（4）가 : 오늘 친구를 만났어요?　　（바쁘다）
나 :

5．例のように –기 때문에を用いて文を作ってみましょう（文末は합니다体）。

例 약속이 있다 / 먼저 가겠다
⇨ 약속이 있기 때문에 먼저 가겠습니다.

（1）손님이 오다 / 깨끗이 청소를 했다

⇨

（2）외국 사람이다 / 한국말을 못하다

⇨

（3）서로 바쁘다 / 자주 못 만나다

⇨

（4）어제는 눈이 많이 왔다 / 하루 종일 집에 있었다

⇨

❂理由·原因の「-아/어서」「-(으)니까」「-기 때문에」のまとめ

①-아/어서 ：事実を叙述する表現。過去の事柄であっても「-아/어서」の形になる。お礼・謝罪表現に使われる。命令や勧誘文には使えない。

②-(으)니까 ：主観的でやや感情的なニュアンスがある。過去形と併用可能（「-았/었으니까」）。後に命令や勧誘表現を用いることができる。

③-기 때문에：客観的に事実を説明するとき。過去形と併用可能（「-았/었기 때문에」）。命令や勧誘文には使えない。

例 배가【아파서(○), 아팠으니까(○), 아팠기 때문에(○)】병원에 갔어요.

【늦어서(○), 늦었으니까(×), 늦었기 때문에(×)】죄송합니다.

약속 시간에【늦어서(×), 늦었으니까(○), 늦었기 때문에(×)】빨리 갈까요?

即！実践トレーニング

※次の文を韓国語で書いて言ってみましょう。

（1）今日はとても忙しくてお昼も食べられませんでした。

⇨

（2）昨日は電話できなくてすみません。

⇨

（3）お天気のせいで、旅行が延期されました。

⇨

（4）ここに住所と連絡先を書いてください。

⇨

문화방

한국의 경축일（韓国の祝日）

1月1日：신정（新正月）
（旧暦の正月（구정）も祝日）

3月1日：삼일절（独立運動記念日）

4月8日（旧暦）：석가탄신일（釈迦誕生日）

5月5日：어린이날（こどもの日）

6月6日：현충일（護国英霊追慕記念日）

8月15日：광복절（独立記念日）

8月15日（旧暦）：추석（中秋節）

10月3日：개천절（建国記念日）

10月9日：한글날（ハングルの日）

12月25日：크리스마스（クリスマス）

기념일（記念日ー特別なーdayがたくさん！）

韓国ではバレンタインデー、ホワイトデーのほかにも特別な記念日がたくさんあります。中でも代表的なものが블랙데이（ブラックデー）と빼빼로데이（ペペロデー）。バレンタインデー、ホワイトデーが恋人がいる人たちのためのものなら、블랙데이は恋人のいない人たちのために作られた記念日です。４月になっても恋人ができない人が暗～い気持ちを吹き飛ばすため、黒の服装をして、真っ黒のソースがかかった자장면（韓国風ジャージャー麺のこと。チャジャンミョン）を食べる日です。자장면は子どもから大人まで愛される中華料理です。肉入りのものや海鮮入りのものなど種類も多く、値段も安くて手軽に食べられます。そして11月11日の빼빼로데이は性別に関係なく親しい人にペペロを贈ります。빼빼로はポッキーのような細長いお菓子で、「빼빼하다（痩せっぽちだ、がりがりだ）」から名づけられました。当初は1が並ぶ11月11日に細くてスタイルの良い人になろうという意味を込めペペロを渡していましたが、最近は友情や感謝の気持ちをこめて贈り合っています。

❖その他の記念日

4月5日：식목일（植樹の日）

5月8日：어버이날（父母の日）

5月15日：스승의 날（恩師の日）

5月の第三月曜日：성년의 날（成人の日）

7月17日：제헌절（制憲日）
（憲法が公布された日）

10月1日：국군의 날（国軍の日）

練習問題・即！実践トレーニング　音声スクリプト

※ステージ2、3の音声スクリプトは、問題の前に練習問題は練習、即！実践トレーニングは実践と記してあります。

ステージ1

文字編　第1課　基本母音

2．音声を聞いて聞こえた文字に○をつけましょう。(p.7)　🔊2

（1）아、우　（2）야、여　（3）이、으　（4）어、오　（5）우、유　（6）여、요

5．音声を聞いて聞こえた単語を書いてみましょう。(p.8)　🔊4

（1）이 유　（2）오 이　（3）여 유　（4）아 이

6．音声を聞いて聞こえた言葉に○をつけましょう。(p.8)　🔊5

（1）きゅうり　아이、오이、어이　（2）理由　이유、여유、오유

（3）きつね　여우、여유、어유　（4）牛乳　우여、유우、우유

文字編　第2課　子音（1）

6．音声を聞いて聞こえた単語を書いてみましょう。(p.12)　🔊10

（1）고 기　（2）구 두　（3）머 리

（4）아 버 지　（5）누 구　（6）하 루

7．音声を聞いて聞こえた単語に○をつけましょう。(p.12)　🔊11

（1）茄子　가지、가디、가비　（2）頭　머리、모리、바리　（3）豆腐　무수、두부、누부

（4）どこ　오디、머지、어디　（5）午後　오후、사우、보후　（6）あそこ　저니、조기、저기

文字編　第3課　子音（2）

1．音声を聞いて聞こえた単語を書いてみましょう。(p.17)　🔊16

（1）고 추　（2）피 자　（3）커 피

（4）토 마 토　（5）아 빠　（6）아 까

（7）가 짜　（8）아 저 씨　（9）코 끼 리

（10）비 싸 요

2．音声を聞いて聞こえた文字、単語に○をつけましょう。(p.17) 🔊17

（1）(가)、카、까
（2）다、타、(따)
（3）바、(파)、빠
（4）사、(싸)
（5）자、(차)、짜
（6）(크다)（大きい）、끄다（消す）
（7）사다（買う）、(싸다)（安い）
（8）(다르다)（違う）、따르다（従う）
（9）(비자)（ビザ）、피자（ピザ）
（10）커피（コーヒー）、(코피)（鼻血）
（11）가지（茄子）、(까치)（カササギ）
（12）(바다)（海）、파다（掘る）
（13）자다（寝る）、차다（冷たい）、(짜다)（塩辛い）

文字編　第４課　複合母音

5．音声を聞いて聞こえた単語を書いてみましょう。(p.21) 🔊20

（1）| 과 | 자 |　（2）| 가 | 위 |　（3）| 회 | 사 |　（4）| 얘 | 기 |

6．音声を聞いて聞こえた単語に○をつけましょう。(p.21) 🔊21

（1）ねずみ　(쥐)、지、귀
（2）ぶた　도지、뒤지、(돼지)
（3）シャワー　샤와、(샤워)、샤위
（4）会社　(회사)、히사、헤사
（5）医者　이사、위사、(의사)
（6）お菓子　(과자)、궈자、괘자

文字編　第５課　終声（パッチム받침）

2．音声を聞いて発音している単語に○をつけましょう。(p.24) 🔊23

（1）花　(꽃)、곤、꼰
（2）口　임、인、(입)
（3）月　단、(달)、답
（4）体　(몸)、몬、뭄
（5）部屋　(방)、밥、반
（6）山　상、삽、(산)
（7）薬　양、(약)、욕
（8）川　(강)、각、간
（9）お金　(돈)、동、돌
（10）ご飯　발、(밥)、밤

3．音声を聞いて二重終声の左右どちらを発音しているのか、○をつけましょう。(p.25) 🔊24

（1）土　흙（a：ㄹ　ⓑ：ㄱ）
（2）八つ　여덟（ⓐ：ㄹ　b：ㅂ）
（3）値段　값（ⓐ：ㅂ　b：ㅅ）
（4）魂　넋（ⓐ：ㄱ　b：ㅅ）

ステージ２

第１課

実践 2．音声を聞いて（　　　）の中に語句を入れてください。(p.42) 🔊36

미진 : 안녕하십니까?
리카 : 네, (안녕하세요)?
미진 : 저는 김미진(이라고) (합니다). 만나서 (반갑습니다).
리카 : 저는 고이즈미 리카(라고) (합니다). 학생입니다.
미진 : (저도) 학생입니다. 잘 (부탁합니다).

第2課

実践 2．音声を聞いて、日本語訳と同じものには○、違うものには ×をつけましょう。（p.49） 🔊39

（1）친구가 한국 사람이에요.　（2）화장실이 어디예요?

（3）여기가 식당이에요.　（4）학생이 아니에요.　（5）가수가 아닙니다.

第3課

練習 5.音声を聞いて、読み上げられた物や人がどこにある(いる)のかイラストに書いてみましょう。(p.54)

（1）가방 안에 지갑이 있습니다.　（2）모자는 소파 위에 있어요. 🔊42

（3）교실 밖에 선생님이 있습니다.

実践 1．音声を聞いて質問に答えなさい。（p.55） 🔊43

안녕하세요? 저는 이영준이라고 합니다. 저는 학생이 아닙니다. 회사원입니다. 회사는 서울역 근처에 있습니다. 형하고 누나가 있습니다. 동생은 없습니다.

第7課

実践 1．音声を聞いて日付、金額、電話番号を書き取りましょう。(p.84) 🔊53

（1）10월 3일　（2）12월 24일　（3）6월 25일　（4）2011년 3월 11일

（5）19,500원　（6）278,000원　（7）02-1544-7788　（8）080-6543-9172

第8課

実践 1．音声を聞いて時間、年齢を書き取りましょう。(p.93) 🔊57

（1）1시 50분　（2）12시 20분　（3）3시 반

（4）21살　（5）18살　（6）54살

第9課

実践 1．音声を聞いて次の質問に答えてみましょう。（p.101） 🔊60

어제 친구하고 백화점에 쇼핑을 갔어요. 내일이 어머니 생일이에요. 그래서 어머니 선물로 모자를 샀어요. 친구는 옷을 샀어요. 그리고 저녁에는 영화를 봤어요. 영화는 별로 재미없었어요. 열 시에 집에 들어갔어요. 열두 시에 잤어요. 조금 피곤했어요.

第10課

実践 2．音声を聞いて（　　　　）の中に語句を入れてください。（p.109） 🔊63

유카 : 현수 씨, 가족이 (어떻게 되세요)?
현수 : 할머니하고 (부모님), 그리고 누나가 하나 있습니다.
유카 : 할머님도 같이 (사세요)?
현수 : 아뇨, 할머니는 시골에 (계세요) .
유카 : (부모님은) 무엇을 하세요?
현수 : 아버지는 초등학교 (교사십니다).
　　그리고 어머니는 (공무원이세요).
　　이게 저희 가족 사진이에요.
유카 : 이 (분이) 할머님이세요?

현수 : 네.
유카 : 할머님이 정말 (젊어 보이시네요).

ステージ3

第12課

実践 ※ 音声を聞いて（　　　　　）に韓国語を書き入れてみましょう。（p.126） 68

(식당에서)

유리코 : (늦어서 미안해요). 많이 기다렸지요?
현　우 : 아뇨, 저도 지금 왔어요.
(주말이라서) 길이 많이 막혔어요.
유리코 : 벌써 1시네요. 현우 씨, 배고프지요?
현　우 : 네, 유리코 씨는 (뭘 드시겠어요)?
유리코 : 이 집은 뭐가 맛있어요?
현　우 : 삼계탕이 유명해요. 삼계탕 먹어 봤어요?
유리코 : 아뇨, (아직 안 먹어 봤어요).
현　우 : 맛있어요. (한번 먹어 보세요).

第15課

実践 ※音声を聞いて内容と一致するものには○を、一致しないものには×をつけてみましょう。（p.147） 75

저는 학교 기숙사에 삽니다. 기숙사는 규칙이 많습니다. 그래서 조금 불편하지만 재미있습니다. 기숙사에는 밤 11시 이후에 들어가면 안 됩니다. 아침 시간은 오전 7시 30분부터 9시까지입니다. 그리고 저녁 시간은 오후 6시부터 7시 30분까지입니다. 주말은 외박을 해도 됩니다. 하지만 평일은 외박을 하면 안 됩니다.

第16課

実践 ※ 音声を聞いて（　　　　　）に韓国語を書き入れてみましょう。（p.153） 78

마리코 : 다음 주에 (부산에 가려고 해요).
진　우 : 그래요? 제 고향이 부산이에요.
마리코 : 그럼 부산에서 가볼만한 곳이 있으면 (좀 가르쳐 주세요).
진　우 : 자갈치시장하고 해운대가 유명해요.
마리코 : (어떻게 가면 돼요)?
진　우 : 지하철을 (이용하면 돼요).
마리코 : 자갈치시장에서 해운대까지 (얼마나) 걸려요?
진　우 : 지하철로 (1시간정도) 걸려요.

本書で出てきた用言活用の表

韓国語の用言語幹の活用は以下の３パターンしかありません。それぞれの語尾がどの活用種類につくのか再度確認してみましょう。

① 語幹につく語尾

② 母音語幹にはそのままつくが、子音語幹には「으」をつけて接続する語尾

③ 陽母音の語幹には「아」を、陰母音の語幹には「어」をつけて接続する語尾

活用種類	語尾	意味	該当課	基本形	例
①	**-ㅂ니다** **-습니다**	～です、ます （합니다体）	4課	보다 먹다	**봅니다** 먹**습니다**
	-지 않다	～ない（否定形）	6課	춥다	춥**지 않습니다**
	-지요?	～ですよね？（確認）	7課	예쁘다	예쁘**지요?**
	-네요	～ですね（感嘆）	7課	맛있다	맛있**네요**
	-고	～し、て（羅列）	11課	좋다	좋**고**
	-고 싶다	～したい（希望）	11課	여행가다	여행가**고 싶어요**
	-겠습니다(겠어요)	～します（意志、推量）	12課	연락하다	연락하**겠습니다**
	-지만	～けれども（逆接）	15課	어렵다	어렵**지만**
	-지 못하다	～できない（不可能）	17課	가다	가**지 못합니다**
	-기 때문에	～ので（理由）	17課	약속이 있다	약속이 있**기 때문에**
②	**-(으)러**	～しに（目的）	5課	사다	사**러**
	-(으)ㅂ시다	～しましょう（勧誘）	5課	가다 먹다	**갑시다** 먹**읍시다**
	-(으)십니다 **(-(으)세요)**	～（ら）れます（尊敬形）	10課	읽다	읽**으십니다**
	-(으)셨습니다 **(-(으)셨어요)**	～られました （尊敬過去形）	13課	가다	가**셨습니다**
	-(으)니까	～から、ので（理由）	14課	시간이 없다	시간이 없**으니까**

	-(으)면	～れば、たら（仮定、条件）	14課	찾다	찾**으면**
	-(으)ㄹ까요?	～ましょうか（相談、勧誘）	14課	출발하다	출발할**까요?**
	-(으)면 안 되다	～てはいけない （禁止、不許可）	15課	사진을 찍다	사진을 찍**으면 안 됩니다**
	-(으)ㄹ래요 **-(으)ㄹ래요?**	～します（意志） ～しますか（意向、勧誘）	15課	시키다 먹다	시킬**래요** 먹**을래요**?
	-(으)면 되다	～ればいい（助言）	16課	하다	하**면 됩니다**
	-(으)려고 하다	～しようと思う（意図）	16課	유학을 가다	유학을 가**려고 해요**
③	**-아/어요**	～です、ます（해요体）	5課	알다	알**아요**
	-았/었습니다 **(-았/었어요)**	～でした、ました （過去形）	9課	공부하다	공부**했습니다**
	-아/어 보이다	～く見える	10課	젊다	젊**어 보여요**
	-아/어 보다	～てみる（試み）	11課	입다	입**어 보세요**
	-아/어서	～て、～ので （理由、動作の先行）	12課	일이 많다	일이 많**아서**
	-아/어 드리다	～てさしあげる（謙譲）	13課	들다	들**어 드렸어요**
	-아/어 되다	～てもいい（許可）	15課	먹다	먹**어도 돼요**
	-아/어 주세요	～てください（依頼）	16課	가르치다	가르쳐 **주세요**

韓日単語リスト

＊日本語と同じ漢字語は［　　］に、異なる漢字語は〈　　〉に示しました。なお韓国では旧字体を使いますが、日本の常用漢字表内の字体を優先して表記し、常用漢字表外の字体は旧字体で表記しています。
＊韓国語の見出し語にある「–」は助詞や語尾など常に名詞や用言の語幹などにつくものを表します。

ㄱ

–가	～が
가구	［家具］
가끔	時々、たまに
가다	行く
가르치다	教える
가방	カバン
가볼만한 곳	行ってみるだけのところ
가수	［歌手］
–가 아니에요(?)	～ではありません（か）
가위	はさみ
가장	一番、最も
가족	［家族］
가지	茄子
가짜	偽物
갈아타다	乗り換える
감기	風邪〈感気〉
감기에 걸리다	風邪を引く
감사합니다	［感謝］します
감상	［鑑賞］
감자탕	カムジャタン
갑자기	急に
값	値段
갔다 오다	行って来る
강	川〈江〉
강아지	子犬
같이	一緒に
–개	～［個］
개띠	戌年
개천절	建国記念日〈開天節〉(10月3日)
거기	そこ、そちら
거꾸로	逆さまに
거짓말	嘘
건축학	［建築学］
걷다	歩く
걸리다	かかる
걸어서	歩いて
겨울	冬
결혼	［結婚］
결혼식	［結婚式］
경복궁	［景福宮］
경영학	［経営学］
경제학	［経済学］
경축일	祝日〈慶祝日〉
경치	景色〈景致〉
계산	［計算］
계시다	いらっしゃる
–고	～て
고기	肉
–고 나서	～てから
고등학교	高校、［高等学校］
고마워요	ありがとうございます
고맙습니다	ありがとうございます
고무신	ゴム靴
고백하다	［告白］する
–고 싶다	～したい
고추	唐辛子
고향	［故郷］、出身
곧	まもなく
곳	所
공	ゼロ〈空〉
공기	［空気］
공무원	［公務員］
공부하다	勉強する〈工夫–〉
공원	［公園］
공항	［空港］
–과	～と
과자	お［菓子］
광복절	独立記念日〈光復節〉(8月15日)
괜찮다	大丈夫だ
괜찮아요	大丈夫です
교류	［交流］
교사	［教師］
교실	［教室］
교육학	［教育学］
교통	［交通］
교통비	［交通費］
구	［九］
구두	靴
구정	［旧正］月（旧暦1月1日）
국	スープ
국군의 날	［国軍］の日（10月1日）
국립	［国立］
국제	［国際］
굳이	あえて
–권	～冊〈–巻〉
귀	耳
귀걸이	ピアス、イヤリング
귀찮다	面倒だ
규칙	［規則］
그	その
그거	それ
그것	それ
그동안	その間、これまで

그래서	それで
그래요(?)	そうです（か）
그런데	ところで
그럼	では
그렇게	そのように
그렇다	そうだ
그리고	そして
그리스	ギリシャ
그림	絵
그저께	おととい
그제	おととい
근처	近く、[近所]
금요일	[金曜日]
금지	[禁止]
기간	[期間]
기계공학	[機械工学]
기념일	[記念日]
기다리다	待つ
-기 때문에	〜から、〜ので
기쁘다	嬉しい
기숙사	寮、[寄宿舎]
길	道
길다	長い
김밥	キムパプ（海苔巻き）
김치	キムチ
-까지	〜まで
까치	カササギ
깎다	（値段を）まける
깨끗이	きれいに
깨끗하다	きれいだ
-께	〜に
-께서	〜が
-께서는	〜（におかれまして）は
꼬리	しっぽ
꼭	是非、必ず
꽃	花
꽃집	花屋
끄다	消す
끝	終わり
끝나다	終わる
끝내다	終える

ㄴ

나	私、ぼく
-나	〜も（数量が予想を超えたとき）
나가다	出る、出ていく
나라	国
나무	木
나비	蝶
나이	歳
나중에	後で
날씨	天気
남기다	残す
남동생	弟〈男同生〉
남자	[男子]、男
남자 친구	ボーイフレンド、彼氏〈男子親旧〉
낮	昼
내년	[来年]
내리다	降りる
내일	明日〈来日〉
내후년	再来年〈来後年〉
냉면	[冷麺]
너무	とても
넋	魂
네	はい
네-	四つの
네요	〜ですね
넷	四つ
-년	〜[年]
-년생	〜年生まれ〈-年生〉
노래	歌
노래방	カラオケ〈-房〉
놀다	遊ぶ
누구	誰
누나	（弟から見た）姉
눈	目、雪
뉴스	ニュース
-는	〜は
늦게	遅く
늦다	遅れる、遅い
늦잠	寝坊
-니까	〜ので、〜から

ㄷ

다	みんな、すべて
다니다	通う
다다음 달	再来月
다다음 주	再来[週]
다르다	違う
다섯	五つ
다음 달	来月
다음 주	来[週]
단어	[単語]
달	月
닭	鶏
닭띠	酉年
담배	タバコ
답	答え、[答]
-대	〜[台]
대전	[大田]（地名）
대학	[大学]
대학교	大学、[大学校]
대학생	[大学生]
댁	お[宅]
더	もっと
덥다	暑い
-도	〜も
도서관	[図書館]
도시락	弁当
도와 주다	手伝ってくれる
도착하다	[到着]する
도쿄	東京
도토리	どんぐり
독일어	ドイツ語、[独逸語]
돈	お金
돌다	曲がる
돌아가시다	お亡くなりになる
동네	町、村〈洞-〉
동대문	[東大門]（地名）
동생	弟、妹〈同生〉
돼지	豚
돼지띠	亥年
되다	なる
두 -	二つの
두부	[豆腐]
두통	[頭痛]

둘	二つ
뒤	後ろ
드라마	ドラマ
드리다	差し上げる
드시다	召し上がる
듣다	聞く
−들	〜たち
들다	持つ
들르다	立ち寄る
들어가다	入る、帰る
등산	［登山］
디자인	デザイン
디즈니랜드	ディズニーランド
따뜻하다	暖かい
따르다	従う
딸	娘
때	時
때문에	〜のせいで
떡볶이	トッポッキ（餅の辛みそ炒め）
또	また
띠	干支

ㄹ

−ㄹ까요?	〜ましょうか
−ㄹ래요(?)	〜します（か）
−라고 합니다	〜と申します、〜といいます
−랑	〜と
−러	〜しに
−려고 하다	〜しようと思う
−로	〜で、〜へ
−를	〜を
리포트	レポート

ㅁ

−마리	〜匹
마시다	飲む
마음에 들다	気に入る
마흔	四十
막걸리	マッコリ
막히다	詰まる
만	［万］
만나다	会う
만나서 반갑습니다	会って嬉しいです
만들다	作る
많다	多い
많이	たくさん
말	話
말띠	午年
말복	［末伏］
말씀	お話
말하다	言う、話す
맑다	晴れる
맛	味
맛없다	おいしくない
맛있다	おいしい
매일	［毎日］
매점	［売店］
맵다	辛い
머리	頭
먹다	食べる
먼저	先に
멀다	遠い
멋있다	かっこいい
메뉴	メニュー
며칠	何日
−면	〜れば、〜たら、〜と
−면 되다	〜ればいい
−면 안 되다	〜てはいけない
면접	［面接］
−명	〜［名］
몇	いくつ、幾
몇 월	何［月］
모레	明後日
모르다	分からない
모임	集まり
모자	［帽子］
목걸이	ネックレス
목요일	［木曜日］
목표	［目標］
몸	体
못 −	〜できない
못하다	できない、下手だ
무늬	模様
무릎	ひざ
무슨	どんな、何の
무슨 요일	何［曜日］
무엇	何
문제	［問題］
문학	［文学］
묻다	尋ねる
물	水
물건	品物〈物件〉
물냉면	水［冷麺］
물리학	［物理学］
뭐	何（무엇の縮約）
뭘	何を
미국	アメリカ〈美国〉
미래	［未来］
미안하다	すまない〈未安−〉
미안합니다	すみません〈未安−〉
미역국	わかめスープ
미터	メーター
밑	真下

ㅂ

−ㅂ니까?	〜ますか、〜ですか
−ㅂ니다	〜ます、〜です
바꾸다	換える
바다	海
바람이 불다	風が吹く
바로	すぐ
바쁘다	忙しい
바지	ズボン
밖	外
반	［半］
받다	もらう
받침	パッチム、下敷き
발음	［発音］
밟다	踏む
밤	夜
밥	ご飯
방	部屋〈房〉
방학	（学校の）長期休み〈放学〉

배	お腹
배고프다	お腹が空く
배우	[俳優]
배우다	習う
배웅하다	見送る
백	[百]
백화점	デパート、[百貨店]
뱀띠	巳年
버스	バス
−번	〜回、[番]
번호	[番号]
벌써	もう、すでに
법학	[法学]
별로	あまり〈別−〉
−병	〜本〈−瓶〉
병역제도	[兵役制度]
병원	[病院]
보내다	送る
보다	見る
−보다	〜より
보신탕	ポシンタン（犬肉スープ）[補身湯]
보이다	見える、見せる
보통	[普通]
복날	[伏]日
봄	春
뵙겠습니다	お目にかかります
부대찌개	プデチゲ（ソーセージと野菜の鍋料理）
부모	両親〈父母〉
부모님	ご両親〈父母−〉
부부	[夫婦]
부산	[釜山]（地名）
부산역	[釜山駅]
부엌	台所
부탁하다	お願いする〈付託−〉
부탁합니다	お願いします〈付託−〉
−부터	〜から
−분	〜[分]
분	方
분위기	[雰囲気]
불고기	プルゴギ（牛肉炒め）
불복	[不服]
불어	フランス語、[仏語]
불편하다	[不便]だ
블랙데이	ブラックデー
비가 오다	雨が降る
비디오	ビデオ
비빔냉면	ビビム[冷麺]
비빔밥	ビビンバ
비싸다	（値段が）高い
비자	ビザ
비행기	[飛行機]
빌려 주다	貸してあげる
빌리다	借りる
빛	光
빠르다	速い
빨래	洗濯
빨리	はやく
빵	パン
빼빼로데이	ペペロデー
빼빼하다	痩せっぽっちだ、がりがりだ
뿌리	根

ㅅ

사	[四]
사거리	交差点〈四−〉
사과	りんご〈沙果〉
사다	買う
사람	人
−사람	〜人
사랑하다	愛する
사이	間
사인	サイン
사장	[社長]
사장님	[社長−]
사진	[写真]
사학	[史学]
사회학	[社会学]
산	[山]
산책하다	散歩する〈散策−〉
−살	〜歳
살다	住む
삶	生、人生
삼	[三]
삼계탕	サムゲタン（参鶏湯）
삼일절	独立運動記念日（3月1日）
상	[賞]
상학	[商学]
새	鳥
생일	誕生日〈生日〉
생활	[生活]
샤워	シャワー
서다	立つ
서로	互いに
서류	[書類]
서른	三十
서울	ソウル（地名）
서울역	ソウル[駅]
서점	[書店]、本屋
석가탄신일	釈迦誕生日〈釈迦誕辰日〉（旧暦の4月8日）
선물	プレゼント〈膳物〉
선배	[先輩]
선생	[先生]
선생님	[先生−]
선수	[選手]
설	お正月
성격	[性格]
성년의 날	成人の日（5月の第三月曜日）
성함	お名前〈姓銜〉
세−	三つの
세계	[世界]
세다	数える
세미나	セミナー
세우다	停める
세일	セール
센터	センター
셋	三つ
소띠	丑年
소설	[小説]
소파	ソファー

손님	お客さん
쇼핑	ショッピング
수도	[首都]
수업	[授業]
수영	[水泳]
수요일	[水曜日]
숙제	[宿題]
술	お酒
숲	森
쉬다	休む
쉰	五十
스무-	二十の
스물	二十
스승의 날	恩師の日（5 月 15 日）
스웨터	セーター
스포츠	スポーツ
슬프다	悲しい
-습니까?	～ ますか、～ですか
-습니다	～ます、～です
-시	～ [時]
시간	[時間]
시계	[時計]
시골	田舎
시디	ＣＤ
시작하다	始まる、始める〈始作－〉
시장	[市場]
시키다	注文する、させる
시험	[試験]
식당	[食堂]
식목일	植樹の日〈植木日〉（4月5日）
식사	[食事]
신다	履く
신정	[新正] 月（1月1日）
신주쿠	新宿
신칸센	新幹線
실물	[実物]
싫다	嫌いだ、いやだ
싫어하다	嫌がる、嫌う、嫌いだ
심리	[心理]
심리학	[心理学]
십	[十]
십구	[十九]
십사	[十四]
십삼	[十三]
십오	[十五]
십육	[十六]
십이	[十二]
십일	[十一]
십칠	[十七]
십팔	[十八]
싸다	（値段が）安い
쓰다	書く、かぶる、つかう
-씨	～さん、[氏]
-씩	～ずつ

ㅇ

아까	さっき
아뇨	いいえ
아니에요	いいえ
아니요	いいえ
-아도 되다	～てもいい
-아 드리다	～て差し上げる
아들	息子
아래	下
아르바이트	アルバイト
아무것도	何も
아무 데도	どこへも
아버님	お父様
아버지	お父さん
-아 보다	～てみる
-아 보이다	～く見える
아빠	お父さん、パパ
-아서	～て、～ので
-아 주세요	～てください
아야	痛い！
아이	子ども
아저씨	おじさん
아주	とても
아줌마	おばさん
아직	まだ
아침	朝
아파트	アパート
아프다	痛い
아홉	九つ
아흔	九十
안	中
안 -	～ない
안 계시다	いらっしゃらない
안내하다	[案内] する
안녕하세요?	こんにちは〈安寧－〉
안녕하십니까?	こんにちは〈安寧－〉
안녕히 가세요	さようなら（去る人に）〈安寧－〉
안녕히 계세요	さようなら（残る人に）〈安寧－〉
안약	目薬〈眼薬〉
앉다	座る
알다	知る、分かる
알리다	知らせる
알바	アルバイト
앞	前
야구	[野球]
야심	[野心]
약	[薬]
약속	[約束]
약학	[薬学]
약혼	婚約〈約婚〉
얇다	薄い
양띠	未年〈羊－〉
얘기	話
어느	どの
어느 거	どれ
어느 것	どれ
-어도 되다	～てもいい
-어 드리다	～て差し上げる
어디	どこ、どちら
어때요?	どうですか
어떻게	どのように、どうやって
어떻다	どうだ
어렵다	難しい
어린이날	こどもの日（5月5日）

어머	あら、まあ
어머니	お母さん
어머님	お母様
어버이날	父母の日（5月8日）
-어 보다	～てみる
-어 보이다	～く見える
어서	どうぞ
-어서	～て、～ので
어저께	昨日
어제	昨日
-어 주세요	～てください
억	[億]
언니	（妹から見た）姉
언어학	[言語学]
언제	いつ
얼굴	顔
얼마	いくら
얼마나	どれぐらい
없다	ない、いない
-에	～に（位置、場所、時間）
-에게	～（人·動物）に
-에게도	～（人·動物）にも
-에게서	～（人·動物）から
-에서	～で（場所）、～から（場所の起点）
에어컨	エアコン
-엔	～円
여기	ここ
여기요	あの～、すみません
여덟	八つ
여동생	妹〈女同生〉
여든	八十
여름	夏
여섯	六つ
여우	きつね
여유	[余裕]
여자	[女子]、女
여자 친구	ガールフレンド、彼女〈女子親旧〉
여행	[旅行]
역	[駅]
연기되다	[延期]される
연기하다	[延期]する
연락	[連絡]
연락처	連絡先〈連絡処〉
연락하다	[連絡]する
연말	[年末]
연세	お歳〈年歳〉
연습하다	[練習]する
연휴	[連休]
열	十
열다	開ける
열심히	一生懸命に、[熱心]に
엽서	[葉書]
영	[零]、ゼロ
영문학	[英文学]
영양탕	ヨンヤンタン（犬肉スープ）[営養湯]
영화	[映画]
영화관	[映画館]
옆	横、隣
예	はい、[例]
예쁘다	きれいだ
예순	六十
예외	[例外]
-예요(?)	～です（か）
예전	以前、昔
오	[五]
오늘	今日
오다	来る
오래간만	久しぶり
오랜만	久しぶり
오른쪽	右側
오빠	（妹から見た）兄
오사카	大阪
오이	きゅうり
오전	[午前]
오키나와	沖縄
오후	[午後]
올해	今年
옷	服
-와	～と
왜	なぜ
외국	[外国]
외박	[外泊]
외식	[外食]
외우다	覚える
외출하다	[外出]する
왼쪽	左側
-요(?)	～です（か）
요리	[料理]
요즘	この頃、最近
용띠	辰年〈龍－〉
우리	私たち、うち
우산	傘、[雨傘]
우아	[優雅]
우유	[牛乳]
우표	切手〈郵票〉
운동	[運動]
운동화	[運動靴]
운동회	[運動会]
운전	[運転]
웃다	笑う
-원	～ウォン
원래	[元来]
원숭이띠	申年
월요일	[月曜日]
웬일	何事
위	上
유럽	ヨーロッパ
유명하다	[有名]だ
유아	[乳児]
유학	[留学]
유학생	[留学生]
육	[六]
육개장	ユッケジャン（牛肉の辛味スープ）〈肉－醤〉
-으니까	～ので、～から
-으러	～しに
-으려고 하다	～しようと思う
-으로	～で、～へ
-으면	～れば、～たら、～と
-으면 되다	～ればいい
-으면 안 되다	～てはいけない

−은	～は
은행	[銀行]
−을	～を
−을까요?	～ましょうか
−을래요(?)	～します（か）
읊다	詠じる
음식	食べ物〈飲食〉
음악	[音楽]
−의	～の
의미	[意味]
의사	医者、[医師]
이	歯
−이	～が
이	この
이	[二]
이거	これ
이것	これ
−이고	～で（並列）
−이나	～も
−이네요	～ですね
−이라고 합니다	～と申します、～といいます
−이랑	～と
이렇게	このように
이름	名前
이메일	Eメール
이번	今度〈−番〉
이번 달	今月〈−番−〉
이번 주	今週〈−番週〉
이십	[二十]
−이 아니에요(?)	～ではありません（か）
−이에요(?)	～です（か）
이열치열	熱を以て熱を治す〈以熱治熱〉
−이요(?)	～です（か）
이용하다	[利用] する
이유	[理由]
−이지요?	～でしょう
이후	[以後]
인기	[人気]
−인분	～人前[人分]
인사동	[仁寺洞]（地名）
인터넷	インターネット
일	仕事、こと
일	[一]
일곱	七つ
일기	[日記]
일년	[一年]
일본	[日本]
일어나다	起きる
일요일	[日曜日]
일정	[日程]
일주	[一周]
일찍	早く
일흔	七十
읽다	読む
입	口
입구	[入口]
−입니까?	～ですか
−입니다	～です
입다	着る
입술	唇
입학	[入学]
있다	ある、いる
잊히다	忘れられる
잎	葉っぱ

ㅈ

자갈치시장	チャガルチ[市場]（地名）
자다	寝る
자리	席
자장면	ジャージャー麺〈−醤麺〉
자전거	[自転車]
자주	しょっちゅう
작년	去年、[昨年]
작문	[作文]
−잔	～杯〈−盞〉
잘	よく
잘되다	うまくいく、うまく出来る
잘 못하다	上手ではない
잘생기다	ハンサムだ
잘하다	上手だ
잠깐	しばらく
잠실	[蚕室]（地名）
잡수시다	召し上がる
잡채	チャプチェ（春雨炒め）〈雑菜〉
−장	～枚〈−張〉
장소	[場所]
재미없다	面白くない
재미있다	面白い
재작년	一昨年〈再昨年〉
저	私
저	あの
저거	あれ
저것	あれ
저기	あそこ、あちら
저기요	あの～、すみません
저녁	夕方
저어	あの～
저희	手前ども、私ども
적다	少ない
적응	[適応]
전	[前]、以前
전공	[専攻]
전철	電車〈電鉄〉
전화	[電話]
젊다	若い
점심	昼食〈点心〉
정도	[程度]
정말	本当に、本当〈正−〉
정면	[正面]
정장	[正装]
정치학	[政治学]
제	私の
제가	私が
제주도	[済州島]（地名）
제헌절	憲法制定記念日〈制憲節〉（7月17日）
조	[兆]
조금	少し
조금만	少しだけ
조깅	ジョギング
조용하다	静かだ
조용히	静かに

족발	豚足〈足ー〉
졸리다	眠い
졸업	[卒業]
종류	[種類]
좋다	良い
좋아하다	好きだ、好む、喜ぶ
죄송하다	申し訳ない〈罪悚ー〉
죄송합니다	申し訳ありません〈罪悚ー〉
주다	あげる、くれる
주로	[主] に
주말	[週末]
주무시다	お休みになる
주변	[周辺]
주부	[主婦]
주소	[住所]
주연	[主演]
주의	[注意]
주차하다	[駐車] する
죽다	死ぬ
준비	[準備]
중국	[中国]
중국어	[中国語]
중복	[中伏]
중요하다	[重要] だ
쥐	ネズミ
쥐띠	子年
지각하다	[遅刻] する
지갑	財布〈紙匣〉
지구	[地球]
지금	今〈只今〉
지난달	先月
지난번	前回、この前〈ー番〉
지난주	先 [週]
지내다	過ごす
지리	[地理]
-지만	～けど
-지 못하다	～できない
-지 않다	～ない
-지요?	～でしょう
지지난달	先々月
지지난주	先々 [週]
지하	[地下]
지하철	[地下鉄]
질문	[質問]
짐	荷物
집	家
집단	[集団]
짜다	塩辛い
쯤	ぐらい、あたり
찌개	チゲ (なべ料理)
찍다	撮る

ㅊ

차	[車]
차다	冷たい
창문	窓〈窓門〉
찾다	探す·(金を) 下ろす
책	本〈冊〉
처음	はじめて
처음 뵙겠습니다	はじめまして
천	[千]
천만에요	どういたしまして〈千万ー〉
천천히	ゆっくり
철도	[鉄道]
철학	[哲学]
첫해	初年
청소	掃除、[清掃]
초등학교	小学校〈初等学校〉
초복	[初伏]
추석	中秋〈秋夕〉(旧暦8月15日)
추어탕	チュオタン (ドジョウ汁)〈鰍魚湯〉
축구	サッカー〈蹴球〉
축하	祝い、[祝賀]
축하하다	祝う、[祝賀] する
출구	[出口]
출근	[出勤]
출발하다	[出発] する
출석	[出席]
출장	[出張]
춥다	寒い
취미	[趣味]
취직하다	[就職] する
층	～階〈層〉
치다	(テニスを) する、弾く、打つ
치마	スカート
친구	友達〈親旧〉
친절하다	[親切] だ
칠	[七]

ㅋ

카드	カード
캠핑	キャンプ
커피	コーヒー
커피숍	コーヒーショップ
케이크	ケーキ
켜다	つける
코끼리	象
코피	鼻血
콘서트	コンサート
콜라	コーラ
쿠키	クッキー
크다	大きい
크리스마스	クリスマス (12月25日)
키	背
키가 크다	背が高い

ㅌ

타다	乗る
택시	タクシー
테니스	テニス
텔레비전	テレビ
토끼띠	卯年
토마토	トマト
토요일	[土曜日]
퇴근	[退勤]
티켓	チケット

ㅍ

파	ねぎ

파다	掘る
팔	[八]
펴다	伸ばす
편리	[便利]
편리하다	[便利] だ
편의점	コンビニ〈便宜店〉
편하다	楽だ〈便－〉
평일	[平日]
폐백	[幣帛]
포도	ぶどう [葡萄]
피곤하다	疲れる〈疲困－〉
피아노	ピアノ
피우다	吸う
피자	ピザ

ㅎ

−하고	～と
하나	一つ
하다	する
하루	一日
하루 종일	一日中〈－終日〉
하지만	しかし
학교	[学校]
−학년	～年生〈学年〉
학비	[学費]
학생	[学生]
한−	一つの
한국	[韓国]
한국말	韓国語 [韓国－]
한국어	[韓国語]
한글	ハングル
한글날	ハングルの日（10月9日）
한복	韓国の伝統衣装、[韓服]
−한테	～（人・動物）に
−한테도	～（人・動物）にも
−한테서	～（人・動物）から
할머니	おばあさん
할머님	おばあ様
할아버님	おじい様
할아버지	おじいさん
합류	[合流]
항상	いつも〈恒常〉
해물파전	海鮮チヂミ〈海物－煎〉
해외	[海外]
해운대	[海雲台]（地名）
핸드폰	携帯電話
행복하다	幸せだ、[幸福] だ
허리띠	ベルト
현충일	護国英霊追慕記念日〈顕忠日〉（6月6日）
형	（弟から見た）[兄]
형제	[兄弟]
호랑이띠	寅年
−호선	～ [号線]
혼자서	一人で
홋카이도	北海道
화요일	[火曜日]
화장실	トイレ、[化粧室]
환전하다	両替する [換銭－]
회계학	[会計学]
회사	[会社]
회사원	[会社員]
회의	[会議]
회장님	会長 [会長－]
훨씬	はるかに
휴가	[休暇]
휴강	[休講]
휴대전화	[携帯電話]
휴대폰	[携帯] 電話
휴일	[休日]
흙	土
희다	白い
희망	[希望]
힘들다	大変だ

日韓単語リスト

あ

愛する	사랑하다
間	사이
会う	만나다
あえて	굳이
開ける	열다
あげる	주다
朝	아침
明後日	모레
脚	다리
味	맛
明日	내일
あそこ	저기
遊ぶ	놀다
暖かい	따뜻하다
頭	머리
暑い	덥다
会って嬉しいです	만나서 반갑습니다
集まり	모임
後で	나중에
兄	형 (弟から), 오빠 (妹から)
姉	언니 (妹から), 누나 (弟から)
あの	저
あの～、すみません	여기요
あの～、すみません	저기요
あの～	저어
アパート	아파트
あまり	별로
雨が降る	비가 오다
アメリカ	미국
ありがとうございます	고마워요, 고맙습니다
ある	있다
歩いて	걸어서
歩く	걷다
アルバイト	아르바이트, 알바
あれ	저것, 저거
案内する	안내하다
いいえ	아니요, 아뇨, 아니에요
言う	말하다
家	집
行く	가다
いくつ、幾	몇
いくら	얼마
以後	이후
医者	의사
忙しい	바쁘다
痛い	아프다
痛い！	아야
一	일
一日	하루
一日中	하루 종일
一年	일년
市場	시장
一番	가장
いつ	언제
一周	일수
一生懸命に	열심히
一緒に	같이
五つ	다섯
行ってくる	갔다 오다
行ってみるだけの所	가볼만한 곳
いつも	항상
田舎	시골
いない	없다
犬肉スープ	보신탕, 영양탕
戌年	개띠
亥年	돼지띠
今	지금
意味	의미
Eメール	이메일
妹	여동생, 동생
嫌がる	싫어하다
いやだ	싫다
イヤリング	귀걸이
いらっしゃらない	안 계시다
いらっしゃる	계시다
入口	입구
いる	있다
祝い	축하
祝う	축하하다
インサドン（仁寺洞）	인사동
インターネット	인터넷
上	위
丑年	소띠
～ウォン	-원
卯年	토끼띠
後ろ	뒤
薄い	얇다
嘘	거짓말
歌	노래
午年	말띠
うまくいく、うまく出来る	잘되다
海	바다
嬉しい	기쁘다
運転	운전
運動	운동
運動会	운동회
運動靴	운동화
絵	그림
エアコン	에어컨
映画	영화
映画館	영화관
詠じる	읊다
英文学	영문학
駅	역

干支	띠
〜円	−엔
延期される	연기되다
延期する	연기하다
おいしい	맛있다
おいしくない	맛없다
終える	끝내다
多い	많다
大きい	크다
大阪	오사카
お母様	어머님
お母さん	어머니
お菓子	과자
お金	돈
沖縄	오키나와
お客さん	손님
起きる	일어나다
億	억
送る	보내다
遅れる	늦다
お酒	술
おじい様	할아버님
おじいさん	할아버지
教える	가르치다
おじさん	아저씨
遅く	늦게
お宅	댁
お父様	아버님
お父さん	아버지, 아빠
弟	남동생, 동생
男	남자
お歳	연세
おととい	그저께, 그제
おととし	재작년
お腹	배
お腹が空く	배(가) 고프다
お亡くなりになる	돌아가시다
お名前	성함
お願いする	부탁하다
おばあさん	할머니
おばあ様	할머님
おばさん	아줌마
お話	말씀

覚える	외우다
お目にかかります	뵙겠습니다
面白い	재미있다
面白くない	재미없다
主に	주로
お休みになる	주무시다
降りる	내리다
下ろす（お金）	찾다
終わり	끝
終わる	끝나다
音楽	음악
女	여자

か

〜が	−가/이, −께서
カード	카드
ガールフレンド	여자 친구
〜回	−번
〜階	−층
海外	해외
会議	회의
会計学	회계학
外国	외국
会社	회사
会社員	회사원
外出する	외출하다
外食	외식
海鮮チヂミ	해물파전
会長	회장님
外泊	외박
買う	사다
換える	바꾸다
帰る	들어가다
顔	얼굴
かかる	걸리다
書く	쓰다
家具	가구
学生	학생
学費	학비
傘	우산
カササギ	까치
貸してあげる	빌려 주다
歌手	가수
風邪	감기
風が吹く	바람이 불다
風邪を引く	감기에 걸리다
数える	세다
家族	가족
方	분
かっこいい	멋있다
学校	학교
学校の長期休み	방학
悲しい	슬프다
必ず	꼭
彼女	여자 친구
カバン	가방
かぶる	쓰다
カムジャタン	감자탕
通う	다니다
火曜日	화요일
〜から	−부터(時間、順番), −에서(場所), −에게서/한테서(人·動物), −(으)니까(理由)
辛い	맵다
カラオケ	노래방
体	몸
がりがりだ	빼빼하다
借りる	빌리다
彼氏	남자 친구
川	강
韓国	한국
韓国語	한국말, 한국어
韓国の伝統衣装	한복
感謝します	감사합니다
鑑賞	감상
元来	원래
木	나무
機械工学	기계공학
期間	기간
聞く	듣다
規則	규칙
切手	우표
きつね	여우
気に入る	마음에 들다

記念日	기념일
きのう	어제, 어저께
希望	희망
キムチ	김치
キムパプ	김밥
キャンプ	캠핑
九	구
休暇	휴가
休講	휴강
休日	휴일
九十	구십, 아흔
急に	갑자기
牛乳	우유
きゅうり	오이
今日	오늘
教育学	교육학
教師	교사
教室	교실
兄弟	형제
去年	작년
嫌いだ	싫어하다, 싫다
ギリシャ	그리스
着る	입다
きれいだ	예쁘다, 깨끗하다
きれいに	깨끗이
銀行	은행
禁止	금지
近所	근처
空気	공기
空港	공항
薬	약
口	입
唇	입술
靴	구두
クッキー	쿠키
国	나라
～く見える	–아/어 보이다
～ぐらい	–쯤
クリスマス	크리스마스
来る	오다
車	차
くれる	주다
経営学	경영학
経済学	경제학
計算	계산
携帯電話	핸드폰, 휴대폰, 휴대전화
景福宮	경복궁
ケーキ	케이크
景色	경치
消す	끄다
結婚	결혼
結婚式	결혼식
月曜日	월요일
～けど	–지만
健康だ	건강하다
言語学	언어학
建築学	건축학
～個	–개
五	오
子犬	강아지
公園	공원
高校	고등학교
交差点	사거리
～号線	–호선
交通	교통
交通費	교통비
公務員	공무원
交流	교류
合流	합류
コーヒー	커피
コーヒーショップ	커피숍
コーラ	콜라
故郷	고향
国際	국제
告白する	고백하다
国立	국립
ここ	여기
午後	오후
九つ	아홉
五十	오십, 쉰
午前	오전
答え	답
今年	올해
子ども	아이
この	이
この前	지난번
このように	이렇게
この頃	요즘
ゴム靴	고무신
これ	이것, 이거
これまで	그동안
今月	이번 달
コンサート	콘서트
今週	이번 주
今度	이번
こんにちは	안녕하세요?, 안녕하십니까?
こんばんは	안녕하세요?, 안녕하십니까?
コンビニ	편의점
婚約	약혼
ご飯	밥
ご両親	부모님

さ

～歳	–살
最近	요즘
財布	지갑
サイン	사인
逆さまに	거꾸로
探す	찾다
先に	먼저
作文	작문
差し上げる	드리다
～冊	–권
サッカー	축구
さっき	아까
寒い	춥다
サムゲタン	삼계탕
さようなら	안녕히 가세요 (去る人に), 안녕히 계세요 (残る人に)
再来月	다다음 달
再来週	다다음 주
再来年	내후년
申年	원숭이띠
～さん	–씨
三	삼
三十	삼십, 서른

散歩	산책
散歩する	산책하다
～し	-고
～時	-시
幸せだ	행복하다
CD	시디
塩辛い	짜다
史学	사학
しかし	하지만
時間	시간
試験	시험
仕事	일
静かだ	조용하다
静かに	조용히
下	아래
～したい	-고 싶다
従う	따르다
実物	실물
しっぽ	꼬리
質問	질문
自転車	자전거
品物	물건
死ぬ	죽다
～しに	-(으)러
しばらく	잠깐
～します(か)	-(으)ㄹ래요(?)
ジャージャー麺	자장면
社会学	사회학
写真	사진
社長	사장, 사장님
シャワー	샤워
十	십
十一	십일
十九	십구
十五	십오
十三	십삼
住所	주소
就職する	취직하다
集団	집단
十七	십칠
十二	십이
十八	십팔
周辺	주변
週末	주말
重要だ	중요하다
十四	십사
十六	십육
主演	주연
授業	수업
祝日	경축일
宿題	숙제
出勤	출근
出席	출석
出張	출장
出発する	출발하다
首都	수도
主婦	주부
趣味	취미
種類	종류
準備	준비
賞	상
商学	상학
小学校	초등학교
上手だ	잘하다
上手ではない	잘 못하다
小説	소설
～しようと思う	-(으)려고 하다
正面	정면
ジョギング	조깅
食事	식사
食堂	식당
しょっちゅう	자주
ショッピング	쇼핑
初年	첫해
初伏	초복
書類	서류
知らせる	알리다
知らない	모르다
知る	알다
白い	희다
新幹線	신칸센
新宿	신주쿠
人生	삶
親切だ	친절하다
心理	심리
心理学	심리학
水泳	수영
水曜日	수요일
吸う	피우다
スープ	국
スカート	치마
好きだ	좋아하다
すぐ	바로
少ない	적다
少し	조금
少しだけ	조금만
過ごす	지내다
～ずつ	-씩
頭痛	두통
ずっと以前	예전
すべて	다
スポーツ	스포츠
ズボン	바지
すまない	미안하다
すみません	미안합니다
住む	살다
する	하다
座る	앉다
背	키
性格	성격
生活	생활
政治学	정치학
成人の日	성년의 날
正装	정장
セーター	스웨터
セール	세일
世界	세계
背が高い	키가 크다
席	자리
是非	꼭
セミナー	세미나
ゼロ	공, 영
千	천
先月	지난달
専攻	전공
先週	지난주
選手	선수
先生	선생, 선생님
先々月	지지난달
先々週	지지난주
センター	센터
洗濯	빨래

先輩	선배
ゾウ	코끼리
掃除	청소
そうだ	그렇다
そうです（か）	그래요(?)
ソウル	서울
ソウル駅	서울역
そこ	거기
そして	그리고
卒業	졸업
外	밖
その	그
その間	그동안
そのように	그렇게
ソファー	소파
それ	그것, 그거
それで	그래서

た

～台	−대
大学	대학, 대학교
大学生	대학생
退勤	퇴근
大丈夫だ	괜찮다
大丈夫です	괜찮아요
台所	부엌
大変だ	힘들다
（値段が）高い	비싸다
互いに	서로
たくさん	많이
タクシー	택시
尋ねる	묻다
～たち	−들
立ち寄る	들르다
立つ	서다
辰年	용띠
タバコ	담배
食べ物	음식
食べる	먹다
魂	넋
たまに	가끔
～たら	−(으)면
誰	누구
単語	단어
誕生日	생일
チェジュド（済州島）	제주도
地下	지하
違う	다르다
近く	근처
地下鉄	지하철
地球	지구
チゲ	찌개
チケット	티켓
遅刻する	지각하다
父	아버지, 아빠
チャガルチ市場	자갈치시장
チャプチェ	잡채
チャムシル（蚕室）	잠실
注意	주의
中国	중국
中国語	중국어
駐車する	주차하다
注文する	시키다
中伏	중복
兆	조
蝶	나비
地理	지리
使う	쓰다
疲れる	피곤하다
月	달
作る	만들다
つける	켜다
土	흙
詰まる	막히다
冷たい	차다
～て	−아/어서, −고
～で	−로/으로
～てから	−고 나서
ディズニーランド	디즈니랜드
～でいらっしゃる	−(이)시다
程度	정도
適応	적응
～できない	못 −, −지 못하다
できない、下手だ	못하다
～てください	−아/어 주세요, −(으)세요
出口	출구
デザイン	디자인
～でしょう？	−지요?/이지요?
テジョン（大田）	대전
～です	−ㅂ니다/습니다, −아요/어요；−입니다, −예요/이에요（名詞文）；−요
～ですか	−ㅂ니까?/습니까?, −아요?/어요?；−입니까?, −예요?/이에요?（名詞文）；−요?
～ですね	−네요/이네요, −지요, −죠
哲学	철학
手伝ってくれる	도와 주다
鉄道	철도
テニス	테니스
では	그럼
デパート	백화점
～てはいけない	−(으)면 안 되다
～ではない	−가/이 아니다
手前ども	저희
～てみる	−아/어 보다
～てみてください	−아/어 보세요
～てもいい	−아도/어도 되다
出る	나가다
テレビ	텔레비전
天気	날씨
電車	전철
電話	전화
～で	−에서（場所）, −이고（並列）
～て差し上げる	−아/어 드리다
～と	−와/과, −하고, −랑/이랑
～といいます	−(이)라고 합니다

ドイツ語　독일어
トイレ　화장실
どういたしまして　천만에요
唐辛子　고추
東京　도쿄
どうぞ　어서
どうだ　어떻다
到着する　도착하다
どうですか　어때요?
豆腐　두부
どうやって　어떻게
十（とお）　열
遠い　멀다
時　때
時々　가끔
時計　시계
どこ　어디
どこへも　아무 데도
所　곳
ところで　그런데
登山　등산
歳　나이
ドジョウ汁　추어탕
図書館　도서관
トッポッキ　떡볶이
とても　너무, 아주
隣　옆
どの　어느
どのように　어떻게
トマト　토마토
停める　세우다
〜と申します　-(이)라고 합니다
友達　친구
土曜日　토요일
寅年　호랑이띠
ドラマ　드라마
鳥　새
酉年　닭띠
撮る　찍다
どれ　어느 것, 어느 거
どれぐらい　얼마나
どんぐり　도토리
豚足　족발
トンデムン（東大門）　동대문
どんな　무슨

な

ない　없다
〜ない　안-, -지 않다
中　안
長い　길다
茄子　가지
なぜ　왜
夏　여름
七　칠
七十　칠십, 일흔
七つ　일곱
何　무엇, 뭐
何事　웬일
何も　아무것도
何を　뭘
名前　이름
習う　배우다
なる　되다
何〜　몇-
何月　몇 월
何日　며칠
何の〜　무슨-
何曜日　무슨 요일
〜に　-에(存在、位置、時間), -에게/한테(人・動物), -께(尊敬)
二　이
肉　고기
二十　이십, 스물
二十の　스무 -
偽物　가짜
日曜日　일요일
日記　일기
日程　일정
日本　일본
〜にも　-에도, -에게도/한테도(人・動物)
荷物　짐
入学　입학
ニュース　뉴스
乳児　유아
鶏　닭
人気　인기
〜人前　-인분
ねぎ　파
ネズミ　쥐
値段　값
ネックレス　목걸이
根っこ　뿌리
熱心に　열심히
熱を以て熱を癒す（以熱治熱）　이열치열
子年　쥐띠
寝坊　늦잠
眠い　졸리다
寝る　자다
〜年　-년
〜年生まれ　-년생
〜年生　-학년
年末　연말
〜の　-의
残す　남기다
〜のせいで　-때문에
〜ので　-아서/어서, -(으)니까, -기 때문에
伸ばす　펴다
飲む　마시다
乗り換える　갈아타다
海苔巻き　김밥
乗る　타다

は

〜は　-는/은, -께서는(尊敬)
歯　이
〜杯　-잔
はい　예, 네
売店　매점
俳優　배우

入る	들어가다
葉書	엽서
履く	신다
はさみ	가위
始まる	시작하다, 시작되다
はじめて	처음
はじめまして	처음 뵙겠습니다
始める	시작하다
場所	장소
バス	버스
八	팔
八十	팔십, 여든
発音	발음
パッチム	받침
葉っぱ	잎
花	꽃
話	말, 얘기
話す	말하다
鼻血	코피
花屋	꽃집
母	어머니
速い	빠르다
早く	일찍
速く	빨리
春	봄
はるかに	훨씬
晴れる	맑다
半	반
パン	빵
ハングル	한글
ハングルの日	한글날
番号	번호
ハンサムだ	잘생기다
ピアス	귀걸이
ピアノ	피아노
光	빛
～匹	–마리
弾く	치다
飛行機	비행기
ひざ	무릎
ピザ	피자
ビザ	비자

久しぶり	오래간만, 오랜만
左側	왼쪽
未年	양띠
ビデオ	비디오
人	사람
一つ	하나
一つの	한–
一人で	혼자서
ビビム冷麺	비빔냉면
ビビンバ	비빔밥
百	백
病院	병원
昼	낮
昼ごはん	점심
夫婦	부부
服	옷
伏日	복날
プサン（釜山）	부산
プサン駅	부산역
豚	돼지
二つ	둘
二つの	두–
普通	보통
物理学	물리학
プデチゲ	부대찌개
ぶどう	포도
不服	불복
不便だ	불편하다
踏む	밟다
冬	겨울
フランス語	불어
プルゴギ	불고기
プレゼント	선물
～分	–분
雰囲気	분위기
文学	문학
兵役制度	병역제도
平日	평일
幣帛	폐백
ヘウンデ（海雲台）	해운대
巳（へび）年	뱀띠
部屋	방

ベルト	허리띠
勉強する	공부하다
弁当	도시락
便利	편리
便利だ	편리하다
法学	법학
帽子	모자
ボーイフレンド	남자 친구
ぼく	나
北海道	홋카이도
掘る	파다
本	책
～本	–병
本当	정말
本屋	서점

ま

～枚	–장
毎日	매일
前	앞
前	전
曲がる	돌다
（値段を）まける	깎다
真下	밑
～ましょうか	–(으)ㄹ까요?
また	또
まだ	아직
町	동네
待つ	기다리다
マッコリ	막걸리
末伏	말복
～まで	–까지
窓	창문
まもなく	곧
万	만
見送る	배웅하다
見える	보이다
右側	오른쪽
水	물
水冷麺	물냉면
見せる	보이다
道	길
三つ	셋
三つの	세–

耳	귀
未来	미래
見る	보다
みんな	다
昔	예전
難しい	어렵다
息子	아들
娘	딸
六つ	여섯
目	눈
～名	–명
メーター	미터
目薬	안약
召し上がる	드시다, 잡수시다
メニュー	메뉴
面接	면접
面倒だ	귀찮다
～も	–도, –(이)나
もう	벌써
申し訳ありません	죄송합니다
申し訳ない	죄송하다
目標	목표
木曜日	목요일
持つ	들다
もっと	더
最も	가장
もともと	원래
模様	무늬
もらう	받다
森	숲
問題	문제

や

薬学	약학
約束	약속
野球	야구
野心	야심
安い	싸다
休む	쉬다
八つ	여덟
山	산
優雅	우아
夕方	저녁
有名だ	유명하다
雪	눈
ゆっくり	천천히
ユッケジャン	육개장
良い	좋다
ヨーロッパ	유럽
よく	잘
横	옆
四つ	넷
四つの	네–
読む	읽다
余裕	여유
～より	–보다
夜	밤
四	사
四十	사십, 마흔

ら

来月	다음 달
来週	다음 주
来年	내년
楽だ	편하다
～(ら) れる	–(으)시다
理由	이유
留学	유학
留学生	유학생
寮	기숙사
両替する	환전하다
両親	부모
利用する	이용하다
料理	요리
旅行	여행
りんご	사과
例	예
例外	예외
冷麺	냉면
～れば	–(으)면
～ればいい	–(으)면 되다
レポート	리포트
連休	연휴
練習する	연습하다
連絡	연락
連絡先	연락처
連絡する	연락하다
六	육
六十	육십, 예순

わ

若い	젊다
わかめスープ	미역국
分からない	모르다
分かる	알다
忘れられる	잊히다
私	저, 나
私が	제가
私たち	우리
私の	제
笑う	웃다
～を	–를/을

助詞のまとめ

助詞		接続
1	～は　主題	母音+**는**
		子音+**은**
		母・子音+**께서는**（尊敬）
2	～が　主格	母音+**가**
		子音+**이**
		母・子音+**께서**（尊敬）
3	～を　目的格	母音+**를**
		子音+**을**
4	～も　追加	母・子音+**도**
5	～と　羅列	母音+**와** 子音+**과**（書き言葉的）
		母・子音+**하고**（話し言葉的）
		母音+**랑** 子音+**이랑**（話し言葉的）
6	～に　所在・時間	母・子音+**에**
7	～に　対象（人・動物）	母・子音+**에게**（書き言葉的）
		母・子音+**한테**（話し言葉的）
		母・子音+**께**（尊敬）
8	～から　対象（人・動物）	母・子音+**에게서**（書き言葉的）
		母・子音+**한테서**（話し言葉的）
9	～から　場所の起点	母・子音+**에서**
10	～から　時間・順序の起点	母・子音+**부터**
11	～まで　場所の到着点 / 時間の到着点	母・子音+**까지**
12	～で　場所	母音・子音+**에서**
13	～で　手段・方法・選択	母音+**로**
		終声ㄹ+**로**
		子音+**으로**
14	～へ　方向	母音+**로**
		終声ㄹ+**로**
		子音+**으로**
15	～より　比較	母・子音+**보다**
16	～の　所有・所属	母・子音+**의** ＊発音は「에」

監修
北原スマ子（きたはら　すまこ）

東京都立大学大学院人文科学研究科博士課程単位取得退学。
元日本女子大学文学部客員教授。

著者
金孝珍（キム　ヒョジン）

韓国全羅南道出身。1996年来日。明治大学大学院文学研究科博士後期課程修了。博士（文学）
明治大学、中央大学、中央学院大学非常勤講師。

即！実践　楽しもう韓国語

2017年3月30日　初版発行
2024年3月25日　7刷発行

監　修　北原スマ子
著　者　金 孝 珍
発行者　佐藤和幸
発行所　株式会社　白帝社
〒171-0014 東京都豊島区池袋 2-65-1
電話 03-3986-3271　FAX 03-3986-3272
https://www.hakuteisha.co.jp
組　版　（株）アイ・ビーンズ
印　刷　（株）平文社
製　本　（株）ティーケー出版印刷

イ ラ ス ト　佐藤広子
表紙デザイン　（株）アイ・ビーンズ

Printed in Japan〈検印省略〉　ISBN 978-4-86398-277-2
＊定価は表紙に表示してあります。